我若 不勇敢
谁替我 坚强

夏橙 等
著

爱情篇

文匯出版社

图书在版编目（ＣＩＰ）数据

我若不勇敢，谁替我坚强. 爱情篇 / 夏橙等著. —— 上海：文汇
出版社，2016.1
ISBN 978-7-5496-1649-7

Ⅰ. ①我… Ⅱ. ①夏… Ⅲ. ①爱情—通俗读物 Ⅳ. ①C913.1-49

中国版本图书馆CIP数据核字（2015）第253766号

我若不勇敢，谁替我坚强. 爱情篇

出　版　人 / 桂国强
作　　　者 / 夏橙　等
责任编辑 / 戴　铮
封面装帧 / 粉粉猫
出版发行 / 文匯出版社
　　　　　　上海市威海路755号
　　　　　　（邮政编码200041）
经　　　销 / 全国新华书店
印刷装订 / 三河市金泰源印务有限公司
版　　　次 / 2016年1月第1版
印　　　次 / 2019年1月第2次印刷
开　　　本 / 889×1194　1/32
字　　　数 / 143千字
印　　　张 / 7.5

ISBN　978-7-5496-1649-7
定　价：35.00元

以为牵手就是永远，是因为年轻。

时间在让我们成长的同时，

也让我们看开了许多。

没有什么非你不可，

也没什么不可失去。

虽然艰难，依然坚强。

目录

终有一天，

你会成为他（她）记忆中的一部分，

尽我所能，

成为一段美好的回忆。

或者走啊、散啊，

就是走不散。

最后成为了彼此生命中最温暖的话。

有一些感情你不会了解

姬霄 /

也许是在做一个美丽的梦。

等到天亮，

我会让他把梦作为交换，

给他讲一个关于爱情和亲情的故事。

大成是我见过的最不会拒绝别人的人。

我认识他的时候他手里还有一家书店。那时我刚毕业，没事就去他那儿蹭书看，但无论待多久，他都不会介意，甚至没看完的书问他借，只要保证不弄脏，他都一概同意。

时间久了，我渐渐知道他其实不是书店的老板。书店是个女人开的，每逢周末她都会来书店找大成。她开着一辆白色的奔驰车，穿着打扮很阔气。

一开始我以为她是大成的女人，后来有次她带着小孩来，叫大成哥哥，我才知道她已经结婚了。大成只是她的情人。

大成年纪不大，虽然蓄着胡须，但撑死过不了三十。

他的长相是这家书店最值得称道的招牌，轮廓分明，目光如电，谈吐间自带着书卷气，引得许多学院派的年轻女孩慕名而来。

她们的要求千奇百怪，有想合影的，有索要拥抱的，还有打书店里那些小玩意儿主意的，甚至有想让大成假装叔叔参加家长会的，面对这些要求，大成也从不拒绝。

不懂拒绝的人有很多，因为囿于人情，碍于脸面，但前提是对方的要求没有触及你的底线。问你借八百一千不好意思拒绝，但问你借房子抵押试试，铁定一千八百个没门。

至于大成的底线，我至今没摸到过。

有次，一位顾客赖在书店蹭书到打烊还不肯走（不是我），大成困得不行，就跟他打了个招呼，然后自己上楼睡觉去了。

谁知半夜他忽然被人推醒，说楼下太冷，问他有没有被子。

大成迷迷糊糊地说没有，结果对方竟然扯过他的被子的另一头睡了下去。

第二天醒来，大成才知道那位顾客是外地人，钱包被偷无处可去，于是跑到书店借宿，临走前还问大成借钱，说是江湖救急。

在现代社会这种鬼话也有人信，那个人就是大成。

除了那个女人之外，大成的感情生活一片空白。

有次我忍不住好奇地问他："明明身边有大把资源，为什么会选择她？"

且不说她已经结婚，从年龄、相貌、才情上，这两人都难以相提并论。如果只是因为钱，那也太没种了。

大成听完我的话笑了："不是我选她，是她来找我，面对面告白那种，我实在不知道怎么拒绝，就答应了。"

我惊讶得舌头都打结了："你？你怎么可能没姑娘跟你表白？"

他说："有啊，但都是写张纸条夹在书款里，或者画在书店的签到册上，只要不动声色，很容易就躲过去了。只有她约了我，郑重地说想要在一起。"

"所以你都不考虑对方是啥情况就答应了？"我的三观彻

底被颠覆，激动地喊出来。

大成摇摇头："一开始也觉得不自在，想反悔，但后来发现，她其实就想找个安慰，至今为止她也没要求我做过什么啊？"

我说："你是说她每周看你，就只是看你？"

他狐疑地看着我："不然咧？"

我呆住了。

这世上成天有人把生活当作选择题，前进后退左右为难，殊不知也有人甘当被选项，不主动，不索取，可单选，可多选。

有时我们也会聊聊爱情，大成说他有喜欢的女孩，他俩是在网上认识的，但她不肯告诉他自己在哪儿，只说在未来会来找他。

对此我不以为然，这种人恐怕不是长得丑就是性格阴暗，否则怎么会不敢见面，说不定她就是那群经常来书店"观光"的女学生之一。

大成也不反驳，说："我答应了她，就会一直等下去，就算没结果，也不会因为当初没有等待而后悔啊。"他还拿金庸的小说举例，说："如果杨过没熬过那十六年，怎么可能和小龙女重逢？"

我说："你看武侠小说看傻了吧，杨过要是从没见过小龙女说不定早就跟郭芙结婚了，十六年，孩子都该上高中了。"

不久后我找到了工作，步入了忙碌之中，去书店的次数也越来越少。

有天大成给我打电话，问我要不要搬点书回去，不要钱。

一问才知道，他的书店要关张了。

我赶过去，他已经把书店盘给了一家开饭馆的河南人，书店里的几千本书装箱卖给了一个旧书贩。

见到我，他指了指角落的纸箱说："我给你留了一箱。"

那天我算是知道书中自有黄金屋，高峰期打不到车，两个大男人搬一箱只有几十册的书，累得像狗一样。

饭桌上我问清楚了怎么回事。

原来女人的丈夫得知她有外遇，一直跟踪她到书店，本想着捉奸成双，结果冲进来却发现两人相敬如宾，正在喝茶聊天。

女人说大成是书店雇的店长，男人自然不信，但又找不到证据，恼羞成怒之下责令将书店关掉，顺带解雇了大成。

我问他："接下来打算怎么办？，"

大成喝了挺多酒，从口袋里掏出一张印着都江堰的明信片口齿不利索地说："乔、乔乔肯见我了。"

大成就这样走了，一去就是好几年。

那段时间我也陷入了热恋，每天为爱情的小事喜怒无常，根本无暇顾及其他。偶尔空闲时，我会想起大成，不知道他现在身在何处，有没有寻找到那个叫乔乔的女孩，还是又在哪个小城市开了一家新的书店。

直到几年后的一个清晨，一觉醒来铺天盖地都是汶川地震的消息，我忽然惊觉大成去的是都江堰，离震中只有一百多公里。

电视新闻里，那些伤亡人数令人心惊胆战，让人不由自主地觉得害怕。

那几天我疯狂地在网上发帖寻找他，还在他曾经的博客里留下了我的手机号码，让他看到一定要打给我。

一颗心悬了整整一个礼拜后，我终于接到了他打来的电话。

当电话那边传来大成熟悉的声音时，我感到了莫名的激动。

我说："狗×的你还活着！这些年你去哪里了！"

他的语气一如既往，不急不躁，说他在彭县，离汶川有段距离，很安全。

我问他："你找到乔乔了？"

他说："嗯。"

我说："儿子恐怕都生下了吧？"

他没回答我，只是笑。

我说:"看来你是已经决定定居在那里了。"

他说:"没有,明年,明年我一定回北京。"

再后来,有一次我看到他上传了一张结婚证的照片,我以为他就这样在那个遥远的小城市结婚了。这应该就是一个浪子的归宿了吧,我想,大成说的回北京,也许只是携家带口的一次观光旅游。

没想到的是,第二年夏天,大成真的回来了。

更令我和我的小伙伴惊呆的是,跟他站在一起的还有一个看上去不到二十岁的女孩,她竟然就是大成这些年口口声声提及的乔乔。

慢慢地,我开始从大成口中拼凑出他这些年的故事。

当年大成单枪匹马坐火车杀到都江堰,本打算上演一场浪漫的久别重逢,结果到了那儿他才惊讶地发现,接站的竟然是一个十四五岁的小女孩,她就是乔乔。

在火车上,大成也不是没想过暗黑版的相逢,可那些"见光死"、诈骗集团等幻想在此时此刻统统拜倒在眼前稚嫩的女孩脚下。

用他的话说，当时只觉得浑身发凉，怎么都没办法迈出脚步，并在很长一段时间内一想到自己曾没日没夜地跟一个小孩子示爱，就觉得自己禽兽不如，再也不会爱了。

乔乔的家庭条件不好，父亲患病卧床不起，母亲靠微薄的薪水养活这三口之家。对于大成的到来，他们并没有表现出过多的意外，原来乔乔早就对父母坦白过。

就这样，大成莫名其妙地成为了这三口之家的"第四人"。

乔乔的妈妈在化妆品柜台工作，没时间接送乔乔上下学，这任务自然就落到了大成身上。每天送完乔乔上学，他就在学校附近的书店蹭书看，上下课的铃声响过八次，乔乔就会出现在书店，跟他一起回家。

有时候他也会想，自己为什么要在这种地方虚耗光阴，没有爱，没有梦，甚至没有一丝希望，只是按部就班地活着，简直跟牲口毫无区别。

但一想到要抛下乔乔，他又觉得于心不忍。

后来乔乔的父亲去世了，大成帮他们筹备葬礼，发讣告，守灵，再到最后出殡下葬。这时候的他已经完全没有离开的想法了，他在当地找了一份卖手机的工作，开始了一段漫长的陪读岁月。

一陪就是五年，从初中到高中，好在乔乔的成绩一直出众。

直到今年，她以全县第一的成绩考上了北京一所重点大学，他就跟着过来继续陪读。

听完这个故事，我的心情久久不能平静，不是为大成，而是为眼前的姑娘，肤白、貌美、水灵、单纯，整个一惊为天人，这大成完全是现代版的光源氏计划好不好！

大成在北京安顿了下来，我陪着他带乔乔去学校办手续、交学费、搬行李、选宿舍，看着他满头大汗地告诫乔乔"十个必须九个不准"时的神情，我忍不住觉得有些好笑，就好像他是个唠叨的父亲，而乔乔是他调皮的女儿一样。

然而他们的生活并不像所有人幻想的那样，大叔和萝莉幸福地生活在一起了。

乔乔的性格与她的长相南辕北辙，或许从小背负了太多家庭的希望，她的个性特别要强，读书时考试回回都要争第一，拿着县里发的奖学金来北京。生活中她也不例外，绝不肯轻易向人低头，唯一能让她俯首称臣的只有大成。

或许在旁人眼中，大成还是那个不懂拒绝的大男孩，但在乔乔面前，他顿时会变作另一个人，眼神、语气、动作都有板有眼，两眼一瞪不怒自威，说起大人的道理来更是头头是道，杀得乔乔瞬间溃不成军。

当然，这样的结果也不是必然的。

据我的统计，他们之间的战绩胜负各半，这点数据也不能说明谁面子更大。

只能意味着，他们经常吵架。

一开始是在我家吵，在电话里吵，后来在学校吵，在大街上吵。

每次吵架时，大成的脸都是歪的，被乔乔给气的。但每次吵完，大成又会贱了吧唧地追过去给乔乔道歉。

有次乔乔看中了一件大衣，大成觉得贵没买，两人就在商场大吵了一架。

大成气得跑出半条街，我追过去，只见他在街头抚摸着胸口自言自语："嗨，跟孩子置什么气呢？"说完，他又转身往回走。

我忽然意识到，相处了这么多年，大成已经把乔乔当作了女儿般的存在。

乔乔开学后，大成也找到了新工作，每个月发了薪水，甭管自己过得多差，他都会第一时间给乔乔打生活费。

到了周末，他就坐地铁去学校把乔乔接回家，顺便带回一大堆换洗的衣服。

说是小别能胜新婚，但两人凑到一起还是各种吵。

一来二去总是伤心，渐渐地，乔乔回来的次数越来越少了。

有一天大成去学校看完乔乔后，回到家倒头就睡。

我当他太累了就没在意，自个儿在那儿听歌。

过了一会儿，他忽然从房间冲出来跟我说："哥，你能不能别一直放情歌。"我一看，他已经哭得不成人形了。

他们分手了，是乔乔提出来的，甚至没有给大成挽回的机会。

我没问原因，因为并不需要原因。

这城市每天有成千上万对情侣分手，长的要几十年，短的只需一夜，当他们或者难过或者开心地走在街上时，原因并不是最重要的，结果才是。

分手后，大成每个月依然会第一时间给乔乔打生活费，仿佛乔乔真的是他的女儿。而对于那些钱，乔乔照收不误，周末还会发短信告诉大成自己的近况，仿佛大成真的是她的父亲。

这对于旁人而言显得不可理喻，然而我知道，他们如同唇和齿、皮和毛，形式上的分手远远不能将这层关系剥离殆尽。

乔乔有了新恋情，男方家境富裕，看她的微博，演唱会、话剧、画展、旅行样样不落。大成仿佛也习惯了默默在背后观察着乔乔的生活，不评论，不点赞。只有每次给乔乔打生活费的时候，他才会喃喃自语地骂：这婊子，越来越会花钱了；这婊子，看电影比我还勤；这婊子，有男朋友了也不说一声。

作为旁观者，我没办法说清楚他们之间的感情，是爱情，是亲情，或者只是多年生活造就的一种惯性？

离开乔乔之后，大成的心恢复了曾经的波澜不惊，早起早睡，朝七晚五。

但心境和现实不同，依然有许多小女生对他暗送秋波，甚至我的女同事也跑来问我要大成的电话号码。

有次公司聚餐，我经不起她们的撺掇，死拉硬拽带了大成去。

席间有个女孩对大成尤其殷勤，添茶夹菜无不抢先，加上众人的起哄，搞得大成面红耳赤。

最后在大家的撺掇下，女孩鼓起勇气说："大成，请做我的男朋友吧。"

全场瞬间安静下来，大成愣住了，停顿了很久。

就在我以为他又要像从前那样因为不好意思拒绝而答应对

方时，他忽然很有礼貌地说：　"我有女朋友了，对不起。"

说完他竟然还向女孩鞠了一躬，简直太专业了。

那天大成喝了很多酒，喝到最后桌底下的酒瓶已经摆满连脚都没地方搁了，整个饭店里只剩下我们俩。

我说："要不别喝了？

他说："对不起，我有女朋友了。"

我说："你醉了。"

他重复："我有女朋友了。"

我说："是是是，你有女朋友，咱先回家吧。'

他说："我有什么女朋友，我女朋友跟狗跑了。"

我说："对对，多骂两声就好了。"

他木然地望着我，半晌，他才幽幽地说："其实我应该明白，这么多个日夜的分离，我们早已是换了人间，不在一个国度了。

"我看着她的表情，旁观她的生活，不知不觉间，已经站到了她交际圈的最边缘。记得第一次见到她的时候，她还那么小，小到让人想逃，我鼓足勇气把所有的爱变成养料，摸索着学会如何对她负责，但事到如今，仿佛时光倒转，却始终是学不会如何像男朋友那般爱一个人了。"

我愣住了，那一瞬间，大成变得苍老了许多。

最后，他扯起嗓子对着天空大喊："韩成，你这个大呆子！"喊完这几个字，他忽然像武侠片里演的那样，仰天喷出一大口血来，然后昏死了过去。

我傻眼了，赶紧掏出手机打120，连背带扛地把他送进医院。值班的大夫一看，说是胃穿孔没跑儿，需要立即进行急诊手术。

在手术室门外等待的间隙，我想了想，又打电话给乔乔。

乔乔听我说完半天都不说话，我急了，对着手机大吼："大成都快挂了，你要有良心赶紧给老子来医院！"

乔乔说："现在已经没地铁了。"

我说："打的！

乔乔又说："我不认识路。"

我说："301医院。算了，你上车打给我，我跟司机说。"

最后乔乔说："宿舍大门锁了。"

我气得想揍人："陈乔乔你少废话，不想来就直说。我就没见过你这种货，要钱时把人当爹看，人躺进了手术室就他妈给我装路人，大成喝挂之前说得太对了，他就是个大呆子！不然怎么能喜欢上你这个白眼狼！"

我骂尽了这辈子学会的所有脏话，乔乔在电话那头一声不吭，静得连呼吸都听得见，过了几秒，挂了。

微博上说得一点没错，前任都他妈是极品！

大成做完手术已经是凌晨两点，窗外万物静籁，整个城市沉浸在睡梦当中。

我正靠在椅子上打盹，忽然听到门外一声轻响。

我打开门，是乔乔。

没等我开口，她就直奔大成而去："不是做完手术了吗？怎么还昏迷着？"

我说："可能喝太多了，过会儿就差不多会醒了。"

她浑身是汗，睡裙上沾满了泥土，胳膊上还有新伤，显然是经历了不少困难才到这儿的。看着她，我忽然觉得很愧疚，原来她还是很在乎大成的。

我小声道歉："刚才电话里……对不起。"

乔乔没接话，一直盯着大成的脸，过了一会儿，她说："我知道你怎么看我，我欠大成太多了，但你想听我的故事吗？"

有故事听我自然不会放过，连忙点点头。

乔乔抚弄着大成的头发，轻声细语，开始了漫长的叙述：

"我十二岁就喜欢上了大成,但那时我太小了,所以跟他说未来一定会去找他,做他的女朋友。等了三年,结果还是没忍住,大成说要看我,我鬼使神差立刻答应了他,兴奋了三天才开始后悔,你不知道,当时我有多怕他一见面就把我当小孩子。直到大成答应在我家住下来,我才终于松了一口气。"

我静静听着,想象着乔乔那时的模样,不自觉地笑了起来。

乔乔接着说:"再后来,我爸去世了。入葬那天大成握着我的手说,以后你想爸爸的时候,就把我当作你的爸爸吧。那天,我哭成了泪人。

"也就是从那一刻起,大成真的开始像爸爸一样照顾我,衣食起居事无巨细,比我妈还细心。我知道他想回北京,于是我在学习上尤其努力,最后终于考到了北京。

"到了这座城市,我才发现感情并没有那么简单。我们在一起生活了六年,从我十五岁到二十一岁,我每一刻的改变都被大成看在眼里,在他面前我永远是个无理取闹的孩子。在这份感情里,平衡早已经被打破,他扮演的早已不再是我的爱人,而是我的爸爸。

"人就是有贱根吧,就像每次争吵到最后,他都会像长辈

一样宽恕我，别的女孩大概巴不得是这种结果，但每次我都会
有种深深的亏欠感，我始终欠着他，这种感受在我的心里越积
越重，拖得越久，我越没办法坦然面对他。

"你大概不会想象到明明是情侣却可以严令禁止对方喝酒熬
夜吃个街边摊玩次冒险游戏吧，但这就是大成，明明是我的男朋
友，却一定要像父亲一样管教着我。其实我多想跟他说：我已经
长得足够大了，我不想你做我的爸爸啊。你能不能像最普通的男
朋友那样，跟我一起受伤，一起大吵，一起无知地快乐着啊。"

乔乔说到这里已经满脸都是泪水了，我望着她微微颤抖的
身躯，不知该说什么。

过了会儿，她终于平静下来，拿出一个厚厚的信封递给我：
"这个你帮我交给他吧，以后，我再也不会欠他的了。"

我打开信封，里面装着厚厚的一沓钱，大概有几万块。

我惊讶道："你都没有工作，这些钱是哪来的？你那个男朋
友给的？"

乔乔笑了："狗屁男朋友，那只是我同学，我求他帮忙做挡

箭牌而已。这两年，我一边偷偷做兼职，一边拿全勤奖学金，为了不让大成担心，他打给我的生活费，我全都照收不误。二十八个月，三万两千块，全在这儿了。

我说："你为什么不等他醒来亲手交给他？"

她摇摇头，望着病床上兀自呢喃的大成说："有一些感情你不会了解，但下次见面的时候，我想，我们可以像平常人那样喝杯酒，聊聊天了。"

我顺着她的目光望去，灯光下，大成睡得很香，也许是在做一个美丽的梦。等到天亮，我会让他把梦作为交换，给他讲一个关于爱情和亲情的故事。

我付出一切只为做个好女人

黄竞天/

在我眼中，
女性的成功无异于两个字——平衡：
掌握好家庭与事业的平衡，
掌握好爱情与亲情、友情的平衡，
掌握好张弛度，
掌握好人生的平衡。

　　美国新泽西州第一位华裔女法官Sue Pai Yang（杨柏斯瑜）来到之江访问，我也有幸和杨法官一起参加了座谈。

　　一个华人，又是一个女人，在美国法律界这个白人以及男性力量主导的领域里，能够成为一名社会地位颇高的法官，杨法官的事迹令到场的我们感到十分佩服和崇拜。

　　更令人羡慕不已的，是杨法官除了事业成功之外，还拥有一个幸福的家庭。杨法官的家族在美国生活。她本人担任了十年新泽西州劳工赔偿法庭的法官，去年三月刚从职场退休。她的丈夫是罗格斯大学生物学的教授。而她的两位女儿，都是出色的执业律师。杨法官本人在说话时，更是三句话不离家人。"我的丈夫现在也在浙江省""我的两个女儿最近也开始注重国际交流""我的丈夫对于收集茶叶特别有兴趣"……脱下法袍，言及自己的家人，杨法官身上那种属于法官的高高在上的气场就一扫而光。一身黑色洋装，和气亲切的她就是一个贤淑的妻子和慈爱的母亲。

作为一个女性，如何能够兼顾自己的事业和家庭？

席间，我问了杨法官这样一个问题。

杨法官沉思良久，有些无可奈何地笑笑说："这的确是一个很难的问题。女性相比于男性而言，必须要更多地考量家庭。什么时候结婚、什么时候生孩子、生了孩子之后应该如何抚养，这些现实的问题对于女性的职业生涯来说都具有毁灭性的打击。然而，如何平衡职业和家庭，你可以有不同的选择。"

说着，她给我们讲述了自己两个女儿不同的人生路途。

"我的两个女儿的年纪相差一岁，她们从法学院毕业之后，都进入了非常大的律师事务所工作，她们都已经结婚了，但是对于生育后代方面，却做出了不同的选择。

"我的大女儿选择先当一名母亲。她在自己的事业上升期怀上了第一个孩子。为了兼顾工作，她成了律师事务所的第一个兼职律师。但是美国的律师事务所工作实在太过繁忙，即便是所谓的'兼职律师'，也必须承担每周四十小时以上的工作量。所以大女儿在生第二胎的时候，离开了律师事务所，虽然放弃了她之前在律师事务所所累积的所有资历和人脉，但是她拥有了两个活泼可爱的孩子，每天都生活得热热闹闹。

"而我的二女儿嫁给了另一名律师，他们互相支持对方，都觉得要先以发展事业为重，所以二女儿一直没有要孩子，在律师事务所的发展也很好。她作为第二代表律师参与了史上最大的企业性别歧视案，代表一百五十万名女性员工，状告零售业巨擘沃尔玛。现在的她已经被奥巴马总统提名，出任平等就业机会委员会委员。事业可谓风生水起。

"在我看来，两个女儿虽然选择了两条不同的路，但是对她们自身来说，都是正确的。二女儿潜心事业，因为她能够找到一个支持她，并且和她有着一样价值观的丈夫，所以她在发展事业的过程中可以没有后顾之忧。而大女儿，我总是对她说：你现在的事业起步虽然比你的妹妹要晚一些，但是永远也不会太晚，况且你的生命里多了两个可爱的小天使陪伴，在你进步的路上，又会有更多的动力和支持。

"其实我自己在年轻的时候也遭遇过同样的困惑。"

杨法官向我们讲述了自己的奋斗历史。

"在我年轻时的那个年代，社会根本不认为女性需要事业，女性角色只是被赋予了照顾家庭、维持家计等义务和责任。最适合女性的职业，永远只有家庭主妇、护士或是教师。我年轻时也没有想过自己要在事业上有什么建树，只觉得作为一个女人，服务好家庭就好。所以我在大学里的专业是家政学，这个专业现在应该都没有了吧（笑）？

"我进入法学院其实是在我生了两个女儿之后。当时我已经三十多了，日复一日的主妇生活让我觉得枯燥乏味。我一直热衷于参加各种争取妇女平等地位的运动，但是家庭主妇和全职妈妈的生活却让我与理想完全脱节。当我仔细思索了自己的人生和目标之后，我做出了一个决定——我要去读法学院。这个在常人看来非常难以理解的决定，当时也遭到了许多反对之声。

有的人觉得我作为法学院的学生来说年纪已经太大了，无法和其他年轻人竞争，无法负担法学院繁重的学业；有的人觉得我不务正业，女人的工作就是应该管好自己的家庭，我抛下自己的丈夫和孩子去读书，实在是不可理喻。

"我听到这些反对的声音，心里也很矛盾。我给我的丈夫打了一个电话，告诉他我想要去读法学院的这个决定。丈夫很平静地说：'好的，你去读吧，我来支持你。'"杨法官微笑着回忆那时丈夫的支持与鼓励。

"美国的法学院以费用高和学业负担重闻名。我的丈夫不仅负担了我的学费，还在我读书期间帮助我照料孩子的成长，让我能够安心读完法学院。等到我毕业之后，虽然已经四十岁了，但幸运的是，遇到一名赏识我的法官，将我带入了法官的职业生涯之中。"

"所以，对于想要在职业上有所建树的女性，我想给你们的建议是：Work hard, building connects and most of all, getting supports from your family, especially from your husband.(自身勤奋，建立人脉，最重要的是，获得家庭特别是来自丈夫的支持。)"

衡量一个男性的成功标准比较直接，往往从他的事业成就来说，经商的就看他资产多少，从政的就看他级别高低，学术的就看他研究成果，简单明晰，客观直接。

但是社会对于女人的评价标准却复杂而又暧昧。

只有家庭的女人，像一个永远围绕着丈夫和孩子的影子，面貌模糊，没有特性。你总是能够在菜市场里看到她们，四十多岁，头发蓬乱，脸色暗黄，埋头讨价还价，锱铢必较。

只有事业的女人，即使赚再多的钱、有再高的地位，在外人的评价中总是："她的事业真的做得很好，可是都没遇上一个好老公，孤苦伶仃的,真可怜……"

只有少数一部分的女人，能够在事业和家庭之间做到平衡。

相信每个人的身边都有这样的女性：

她们拥有自己的事业，在工作领域中做得专业严谨、风生水起，但同时，他们的家庭也会被称作"模范家庭"，丈夫体贴孩子听话，最要命的是，这些女性自身通常都还非常光鲜漂亮，总是有一种优雅而淡定的气质，让人不禁感叹老天把所有的好东西都给了她。

她们所获得的一切：充实的工作、其乐融融的家庭和良好的自身素养，真的只是因为命好吗？我不以为然。

我的舅妈一直是我心目中好女人的榜样。

她做医药行业多年，在国内同行中一直拥有数一数二的业绩，在业务方面从来都是公司的顶梁柱级别的人物。在生活中，她和舅舅的感情也很好，爱黏着舅舅，爱发嗲，我的妈妈经常用杭州话调侃她"千色色"。

她自己也爱美，穿衣服不仅挑品牌，还要看时尚度，发型总是新潮得体，每周去美容院，出门一定要打粉上淡妆。就连家里的装潢都显得非常浪漫、有品位，到处充满了粉色、水彩画等浪漫情怀。我一直很羡慕我的表姐，因为舅妈总是把她当作一个小公主。相比于表姐充满粉色气息、堆满玩偶的公主房，我的房间就灰灰土土的，我觉得自己就是一个假小子。

舅妈对我非常关心，我也乐于将自己的情感和成长问题向舅妈讨教。与我妈妈的敦厚质朴相比，舅妈更像一个聪明的女人，她很有女人味，而且总是能够在家庭和事业中取得完美的平衡，这令我羡慕不已。

即便是事业如此成功，在家里收入最高的舅妈，在我的舅舅面前从来不会因为自己的收入更高而趾高气扬，相反，她在丈夫面前总是呈现一种小女人的姿态。她最爱说的话是"听我老公的就好啦"。在家庭中，她很好地运用了自己女性的温柔和细腻，将丈夫、女儿的生活安排得浪漫而又井井有条。

她也很爱自己，从不吝啬于对自身的投资。她比我妈妈更常带我出去买衣服，她总是对我说："女孩子一定要穿得漂亮，不然怎么像是女孩子呢？"除了外貌，她还注重自己的内在投资，她最近报名了英语补习班开始学习英语，前几天她还打电话来告诉我她的英文名字叫Lily。

舅妈一直是我们大家族里的核心人物，她为人和善，总是愿意帮助家人解决各种问题，而且还经常组织大家团聚，我们都说舅妈是个好女人，我们都很爱她。

但是，我从不认为舅妈现在获得的一切都是因为"命好"，因为我切切实实地看到了她为了自己的事业和家庭付出了多于常人的努力。

家人都说，舅妈特别像是台湾的女明星小S。我想，这不仅仅是因为舅妈留着短发的缘故。小S 也一直以荧幕前台风犀利，荧幕后小鸟依人，执着于保持自己的身材和美丽的好女人形象著称。这些好女人，其实都有一些共同的地方，也许这就是她们能够同时兼顾自己家庭和事业的秘诀：

第一，她们都很擅长于自己身份的转换。

在工作的时候就算再怎么拼搏厮杀、统帅千军万马，在家里的时候，就是一个依赖丈夫的小女人。阴阳有别，自然界从一开始就给了男女不同的分工。作为女性，我们有柔软的身体和细腻的皮肤，有纤细的感触和敏感的神经。所谓异性相吸，发掘并且良好运用自己的女性特征，无疑是我们的制胜法宝。在职场上，也许女性必须身着戎装，用职业化的方式模糊性别，但在家庭中，女性总是要承担起作为一个温柔的妻子和慈爱的母亲的职责。不把工作带进生活，也不把生活带进工作，两手都抓，两手都硬。

第二，家庭和事业大体平衡，但家庭会更加重要一些。

由于社会对男女双方有着不同的评价标准，作为妻子，应该支持自己的丈夫在事业的投入与拼搏，做好大后方。男主外女主内，这是从古流传至今的分工模式，皇帝在朝前指点江山、维持天下大局，皇后在后宫管理内宫事务，维持皇宫日常的平稳发展。所谓照顾好家庭，不仅仅是指夫妻及子女的小家，还有父母、亲人在内的大家庭。女人若是不能够照顾好自己的公婆父母，不能够和妯娌伯叔相处和睦，就算在职场上拥有再多的人脉也不能够说她的情商高。就算事业上再忙再累，自己的家庭和家人总是好女人们关注的第一位。

第三，爱自己，保持进步的心。

一个女人只有爱自己，保持自己的健康美丽，并且让自己不断地进步，丈夫才会持续地爱你。在二十几岁的时候，每一个女孩都有年轻的活力和吹弹可破的肌肤，都是黄金一般的美丽，但是这种美丽是粗糙而又短暂的，如果不加以升级和维护，它就会随着时间飘散。作为一个女人，保持魅力的方式就如同写书，内容单调纸质粗糙只会让人翻了两页就不想再读，而若是故事精彩纷呈，曲折动人，内容精彩，发人深省，使人爱不释手，这样的女人，才是一本常年热销的好书，她的魅力只会随着年龄的增加而增加成熟的风韵。

第四，一定要亲自给家人做饭，以及清洁自己的家。

天海佑希在《Gold》中饰演一位以事业和培育子女的成功而闻名的母亲，她在台词中说，作为一个母亲，做饭和清洁是一定要亲力亲为的两件事。一个好妈妈或是一个好妻子的形象，很大一部分是和"暖暖的菜肴"以及"干净舒适的家"所联系在一起的。亲手给自己所爱的丈夫和孩子做饭，这将会成为他们心中永远的"家的味道"。同时，也只有一个干净整洁的家才能让家人们感觉到温馨舒适。作为女主人，应该为自己的家庭营造出一种这样的氛围。丈夫在外辛勤工作，回到家当然是希望有一杯热茶可以喝，一个热水澡可以洗，当然还会期待有自己妻子的理解和笑脸。

第五，找到一个尊重你，并且支持你梦想的丈夫。

　　爱情总是甜蜜的，青春总是美好的。但是爱情不是生活的全部，"有情饮水饱"也只是空话而已。从长远考虑，爱情的基础是有足够的物质条件，能够让两个人都不为五斗米折腰，能够追求一些精神层面上的价值提升。

　　社会并没有期待女性能够有多少个性和能力，所以女性在追求自己的梦想时，很容易遇到社会上的歧视和障碍。在这个时候，来自家庭的支持就必不可少。一个懂得尊重女性、懂得帮助女性实现她们梦想的男人本身也一定是一个优秀而又包容的人，只有这样的人，才值得我们去爱，去一生相守。

　　作为一个女人，虽然在自然界被当作更脆弱的一方，但是我们自己不能将自己的命运完全寄托在男人的身上，要自己修炼，给自己一个足够强大的灵魂。

　　克林顿和希拉里都是耶鲁大学毕业的。克林顿知道希拉里的前男友是修理汽车的，在他当选了总统之后，就对希拉里说："你选择我是英明的，如果你选择了他，现在可能还在耶鲁修汽车。"希拉里反唇相讥："如果我当年选择了他，他早就当总统了，你还不知道在哪儿干什么呢！"克林顿虽然有210的高智商，但若没有希拉里作为克林顿竞选总统时的竞选班子里的得力干将，在克林顿的竞选之路上的付出和帮助，克林顿也不会有今日之辉煌。希拉里对克林顿来说有着毋庸置疑的影响。

我从来没有想过凭着自己这几年黄金的青春、年轻的身体和容貌就能够换来一个从天而降的好丈夫。一切都要自己努力，培养自身的气质，努力工作学习，与爱人交流沟通。如果好逸恶劳，那么即使挂了饼在你的脖子上，你也会饿死。

相反，女性应该利用自己二十几岁的学习黄金时间将自己的能力提升到更高的台阶，养成良好的生活习惯，静下心来思索自己的人生目标，自信自爱，找到自己的特色。爱自己，那么自然有人来爱你。

我努力学习外语，读书看报，走出国门独立生活、留学体验，这一切都只是想让自己成为一个更加成熟、更加沉稳、更加全面的女性。当我洗脱了自己身上的稚气，我才能够沉稳淡定地处理随处可见的挑战；当我学会照顾自己，我才能够爱别人；当我自己拥有一个独立的灵魂，我才能够获得我所期冀的，来自爱人的尊重和支持。我努力生活，只有这样，当我遇到一个好男人的时候，我才能够理直气壮地说：

I deserve this. 我不奢望自己成为多么有钱、多么有社会地位的女性。

在我眼中，女性的成功无异于两个字——平衡：掌握好家庭与事业的平衡，掌握好爱情与亲情友情的平衡，掌握好张弛度，掌握好人生的平衡。

我努力做到经济独立，这样才能够人格独立；我想在结婚之前给自己买一套房子，这样就不会因为婚房之类的物质条件影响我的婚姻选择。

我很在意自己的爱好培养，这让我拥有独特的个性；我喜欢画画、喜欢写字，即使再忙，我也会每周抽时间来画画和写文章，我看着喜欢的人的照片画素描，我的文章让我的朋友们更加了解我的内心。

我学着关心、学着欣赏、学着分享，爱别人也是一种需要培养和练习的能力。我努力地做这些，只是坚信，更好的我才能够配更好的你。

女孩，在二十几岁的年纪，谁都是迷茫的，没有地位、没有钱、未来也看不清。但是，Seize the opportunity when it comes alone. Cherish your life, your lover. 请相信，只要你努力生活，生活就会给你最好的东西。

生命曾经灿放如花

猫语猫寻 /

也许他们俩曾在医院里痛哭过，

但我相信，

握着彼此的手的他们应该也是幸福的。

人生的苦如果有一个人陪着承受，

应该会溢出一丝丝的甜蜜来吧。

听到宋公子去世的消息时，我没有表现出惊讶和难过，只是匆匆挂掉了言青的电话。人越老就越不愿意轻易显露出悲伤，更多的时候会挂着一个嘴角下垂的平静表情，好似什么都没有发生过一般，可我终究骗不了自己。

我匆匆请了假，走出了公司。

深圳这个城市，如南方雨季迅速堆积起来的阴云一般，堆积起一幢又一幢新楼。我上了公交，像刚来深圳时那样漫无目的地前行着。人越长大，就会认识越来越多的人，就会有越来越多的过去被压在肩上，走路都会开始小心谨慎起来。

认识宋公子时，我还没有来深圳，在那个北方的小城组织了一个电影爱好者的小型团伙，我和言青随意地起了一个"影舞者"的名字，想说借着黑泽明的势头聚一伙真正爱电影的小伙伴。

言青当时开了一个叫"青吧"的小咖啡厅，我们便把那里当成根据地，每周在那里放两场老电影。那时网络还没有那么普及，我们俩便手画了几十张宣传页，把它们和那些"淋病""梅毒"的小广告一样，贴在咖啡厅附近的电线杆上。

言青说，宋公子来的时候是一个阴云密布的下午，戴着一副金丝边眼镜，长相白净且斯文的他却风风火火地闯进来，手里扬着从不知道哪个电线杆上撕下来的我们的宣传页大声说："我要加入。"

他是我们的"影舞者"招募的第一个团员。团员的责任只有一条，那就是每一次放映时都必须到场，但他俨然已经超越了这个责任，满满的主人翁意识，几乎变成了言青店里的免费劳力，甚至到后来，比我去得还要频繁。

宋公子原名宋公倾。言青从第一次听他自我介绍的时候就给自动改了，改了之后他也没有异议，于是就延用了下去。乃至后来，我们几乎忘记了他本来的名字。

在我眼里宋公子其实是不善言辞的，甚至我在第一次和他说话时，他竟然还脸红了。整个聊天过程很不愉快，我问一句他答一句，像是在进行坦白从宽抗拒从严的审问，后来我便没了兴致，转头开始和言青说我最近看过的希区柯克的《后窗》很棒，准备在"影舞者"活动的时候放。可没想到却无意间打开了他的话匣子。

他总是滔滔不绝地聊着电影，时不时停住，捂住嘴说："不能再说了，再说就剧透了。"可其实每到那时，他已经基本把电影剧透得七七八八了。

我和言青开始慢慢习惯了宋公子的存在。每次去言青的咖啡店，都可以看到他，甚至有时我和言青在咖啡厅的小桌边上聊天时，他就忙前忙后地帮我们倒水顾店，仿佛他才是这家咖啡厅的老板，而我和言青是这里的客人。

在我们相识第二个月时，宋公子突然失踪了。言青给我打电话时满是怨愤，我连忙劝慰，毕竟咖啡厅里，一段时间常来，然后突然又消失很长时间的客人也不在少数，甚至消失之后就再也没有出现的也有。劝慰之余，我也有些失落，毕竟大家那么投缘，虽然他时常剧透可恶至极，可是他推荐的电影都很有水准。作为朋友他确实很有趣，生活在城市里，这样的朋友毕竟不多。

他的失踪持续了两周，便又出现了。

　　那个下午有些闷热，我和言青正双双坐在吧台，偷奸耍滑地下着围棋，时不时多落一子，又时不时偷走一颗，两人都睁一只眼闭一只眼，因为双方都懒得去纠正对方，反正输赢都无所谓，也就一杯酒的事儿。

　　这时，进来了一个人，穿一件深灰色的登山衣，头发凌乱，胡子像好几天都没有刮，人显得脏兮兮的。他把很大的登山包往地板上一扔，冲我们傻乐。

　　待认出来人，我没坐稳差点儿从椅子上跌下来——这个满身风尘的人竟然是宋公子。而言青的表达方式就比我精彩多了：她一把扔掉手里的一把白子儿从吧台里冲了出去；可走到一半又停住了，收起脸上的急切，狠狠地盯着宋公子；一时间又好似意识到了什么，洋溢出一脸礼貌式的微笑，说："进来坐吧！"转身又回了吧台，倒了杯水放在吧台上。

　　通过她的动作我都能解读出她的心理变化来：他终于来了太好了——说来就来，说走就走太过分了——他也不过是个客人没必要和我解释什么。

　　"你这是到哪里溜达了一圈啊？"我略带调侃地问着。

　　"我参加了一个沙漠的徒步活动，刚回来，一回来就来看你们了。"他笑着回答道，被晒得黑如锆石的脸衬得牙齿特别白。

"我走得比较急，所以没来得及告诉你们。沙漠里手机也没有信号，错过了几次活动，你们不会把我开除出'影舞者'吧？"

我刚想说："怎么会呢？"可"怎"字还没出口，就听言青嚷嚷道："自然是开除的，必须开除！"语气严肃，完全听不出半点儿开玩笑的意思。

宋公子愣了一下，看向我，我摊了摊手，做事不关己状。

"那我再申请加入一次嘛，不要那么小气嘛！"宋公子双手合十对着吧台内脸和他一样黑的佛拜了拜。

言青喜怒一向形于色，这回也崩不住地笑了起来。

宋公子嘿嘿一笑，便提起行李说："给你们报完到我该回家报到了。家里那只说是出差，这电话都打不通，怕是要贴寻人启事了。"

我不由有点儿愣怔，我还以为他只是说说，原来真的是第一时间到店里来报到了啊。

日子又恢复了之前的样子。只是宋公子自从上次之后，貌似被设了门禁，以前可以和我们一起玩到十一点多才回去的他，九点半一到就要立刻往家跑，说是如果再不回去以后他老妈都不让他出来玩儿了。

一个二十好几的人还演这出乖宝宝的戏码让我和言青都有点儿大跌眼镜。但看在他风雨无阻、隔三差五地来报到，我们也没忍心笑话他。

那段时间有个同事对我很好，经常接我上下班，很是殷勤，在言青的怂恿之下，我没有在第一时间拒绝他。虽然我很清楚这个"孙二娘"肯定是想在我同事身上多揩点油水，再让他知难而退。

那个同事叫许良。我看着咖啡厅日渐不景气的生意，出于对咖啡店的贡献精神，我就只拒绝了他再接我上下班，却没有拒绝让他三不五时和我一起来泡"青吧"。

许良第一次来的时候，看到忙里忙外的宋公子，叫了声老板，宋公子在帮忙擦吧台，言青走上前去。许良点了扎啤，坐在一边喝着，我在吧台选了个碟放上，倒了两杯水走出来，许良不顾左右地大声问："夫妻俩一起经营这家店，应该也不会太辛苦吧。"

我看到言青背对着我们在吧台摆盘，宋公子在吧台里面对着我们没有抬头，手上的动作却明显地僵了僵。

我疑惑不已。宋公子这三不五时地来言青这里报到，说他不喜欢言青连鬼都不会信。可是这样的状态眼看已经小半年了，这两人竟然还是那个朋友以上恋人未满的状态，我都有些为他们着急。

许良一句话让场面安静下来，不由伸了伸舌头看向我。我看着他们俩故作忙碌的样子，不由回他说："他们俩未来会不会是夫妻我们不知道，可是要一直这样男的不主动，女的很害羞的话，我看是悬得很。"

许良是一个直白又坦率的人，说白了就是粗人一个，这时算是找了个理由表现自己了："哥们儿你应该学学我，见到王××第一面，我就知道自己喜欢她了，不出一个星期，我就表白了。她拒绝我，我还是追。男人就该脸皮厚，不怕揍，一定要在这个时候拿出主人翁意识来。有哲人说你表白了你才会知道对方喜不喜欢你，你要是不表白，你连知道答案的机会都没有。哥们儿，你说对不对？"

"许良，你不说话没人把你当哑巴。"我把桌面上的扎啤杯往他面前挪挪，无奈地说。

可是没想到宋公子从吧台走了出来，手里拿了包对言青说："我还有事，我先走了。"然后连看都不看我们一眼，就走出门去。

许良彻底蒙了，我也怔在了那里，一时不知道是怎么个情况。看向言青，言青什么也没说，继续装忙。

我打发许良先走，边喝水边盯着那个把地板擦了又擦，默不作声的"大忙人"。

"木地板要让你这么擦下去，可能过几天就站不了人了。"

言青停下了手，把拖把随手一扔，我连忙过去帮着收拾起来。

"我今天对他表白了，他没有拒绝也没有答应，可刚才那个样子，明显就是拒绝了。"

　　我惊讶地盯着言青，宋公子今天的表现确实惊人，可我没想到还有这样的背景故事。

　　我和言青相识多年，只听她说有一个暗恋多年的校友，同校四年只言片语都不曾透露，而今竟然主动表白，这着实让我惊讶。

　　"看不出来，胆量见长，不过你做得对，我支持你。"我调了杯"莫吉托"推到她面前说。

　　"这次我只是肯定他喜欢我，他若不喜欢我的话，他怎么会每天都来，做店里的免费劳力？若是朋友，他早都越界了吧。"言青喝了一口酒，皱着眉头说。

　　"也许是他还没准备好呢。"我小心翼翼地措着辞。

　　"现在也不用准备了。他这一走，估计以后连朋友都没得做了。"她一口把杯子里的酒都灌了下去。

　　"我那么好的调酒，可不是让你用来牛饮的，少说你也品品味儿不是。"我讪讪地说，知道她心情不好，我故意调了很淡的"莫吉托"，比起她等下生气了喝纯酒，这种调酒应该能好一些。

"少废话，关店，一起喝。今天就睡店里。我要喝 B52，才不要这么淡的，不要以为就你会调酒。"

我不由扶额，看来明天店门口又要贴出"老板娘喝大了，今天休息"的告示牌了。

那晚，言青喝下一杯便大骂一声宋公子，一副豪爽到忘却前愁的样子，可喝到第十二杯时，突然就哭了起来："他明明是喜欢我的呀！"

言青喝多从来没哭过，那晚是第一次。我一时怔了怔，尽管听她说对宋公子表白了，可我仍没有想到，言青竟然已经这么喜欢他了。

我一周去言青的酒吧三次：周二言青休息的时候我会去顾一晚的店，"影舞者"活动的时候去一次，周六时人多的时候我会帮她一天忙。那晚之后，我每天都去，而之前每天都会出现的宋公子，却一直都没有出现。

有一天，我去医院看一个朋友，没有想到，在医院的门口遇到了他。他看到了我，犹豫了一下，还是向我走过来。

"好久不见。"他有些拘谨地说。

"怎么？拒绝了言青就不再出现了？"我不无责怪地说道。要是不喜欢干吗要来招惹人家！现在人家芳心暗许了，又弃之不顾，实在是渣男中的典范。

宋公子自然没有听到我心中的腹诽，但也察觉到我言语里的责怪之意。

"最近有些忙，过段时间可能会去。"

"那你还是免了。我好不容易让那一池水平静下来，你最好少来把她搅浑。"我气呼呼地转身向医院里走。

我听到身后追来的脚步声，不管不顾继续大步向前，直到他拉住了我的胳膊。

"发生什么事了吗？是言青出事了吗？你为什么会在医院，她怎么了？"我没想到我的气话和往医院里走的举动，竟然让他有这样的猜疑，我不由决定狠狠耍他一耍。

"还不是因为你，她天天喝酒，喝到胃出血住院了，刚刚出院，我现在来帮她拿药。不过你不要装好心、假仁慈了，不喜欢就不要再来招惹她，关心也免了。她身边有我照顾，不用你担心。你最好还是保持你的隐身状态吧。过几天我介绍几个美男给她，她很快就能把你忘了。"说着便不再管他往前走去。

本想着他会追上来再问我一些言青的情况，可身后却迟迟没见响动。我一直强忍着好奇走进门诊楼，才躲到暗处向楼外看去。

他仍然站在那里，好似在做一个很大的决定，可最终他看了一眼手上拿着的文件样的东西叹了一口气，转身离开了。

这让我实在有些摸不着头脑，看刚刚他那紧张的样子，并不像对言青无动于衷，可最后那下定决心的转身又是什么个意思啊？

我顾不得探病时间将近的现实，连忙给言青打电话，汇报了刚刚的情形。

言青听完我的描述，问的竟是："他在医院是因为生病了吗？"我不由扶额，这两个虽然已经不联系了，可论关心，看来谁也不比谁少。

"这个我不清楚，但是刚刚他手里拿的东西，好像确实挺像病历的。"言青那边不讲话了，我也挂了电话去看朋友。

出了医院，我立刻奔言青的酒吧去了。

自上次醉酒已经过去两个月了，言青其实并没有醉几天，只是那周她给自己放了三天的假，门口一直都挂着"老板娘喝大了，今天休息"的牌子。等再开店她便恢复如初，正常营业，虽然脸上时见忧色，也不像以前那样经常与客人搭讪聊天，但起码也算恢复正常了。

店里有两桌客人，言青正在煮咖啡，香气扑鼻。

我连忙吆喝着："好香、好香，我也要一杯。"

言青瞥了我一眼，没有理我，给客人上完咖啡，只给了我很小的一杯。我不由撇嘴："唉！自从心里有了他，我的待遇每况愈下啊。"

"你胃不好，喝这点差不多了。别找事儿啊！"言青笑着警告我。

"他来了吗？"我小心地问。

"谁？"她挑挑眉。

"和我装是吧？"我瞪她。

"他来干什么，不来更好。"她在吧台里摆着杯子恨恨地说。

"不应该啊，看他那担心得快死掉的样子，今天的剧情本应该是放心不下，跑来看你的。"

"王××你够了啊，是想我在你的咖啡里下点毒吗？"

"呃，呵呵，那还是免了，我喝斋啡就好。"

言青刻意回避关于宋公子的话题，我也没有办法再扯下去。可作为旁观者的我都已经纠结如此，当事人的他们怎么就不纠结不着急呢？我扯着头发，盯着言青做欲言又止状。

"好吧，允许你多说一句。"

我如蒙大赦连忙发问："我都急成这样了，你不着急吗？你真的不知道他到底是怎么回事吗？"

"如果喜欢，他自然会再出现；如果不喜欢，就不想再牵扯了，那样最好不要再见，免得你这样的旁观者纠结得把头发都扯秃了，到时候嫁不出去还得赖在我的咖啡厅，让我养你。"看言青还有逗我的力气，应该是没有太伤心了。

"你不想我打个电话认真地问问他吗？"

"算了吧，如果他连重新走回我面前的勇气都没有，那根本就没有继续下去的意义嘛，而且他已经拒绝我一次了，我也不想再把事情弄得更复杂。我想要的爱情，就是两情相悦，不计后果，快乐地在一起就好。如果不情不愿左顾右盼，那不如就不开始，现在没有开始，我很开心。"她很笃定地说着。

看来这么长时间以来，她虽然没有表现出太过痛苦的样子，却也想了很多，还是不要再提的好。我连忙把话题转移开了。

再见到宋公子，已经是半年之后的冬天了。那天下着大雪，我和同事一起去滑雪场玩儿，我滑得很烂，像是到了摔跤场，一跤一跤摔得好不热闹。

"王××？"

我正从第N次的摔跤动作里爬起来时，听到身后有人叫我的名字。

我转头认了老半天，才认出他来。他瘦得皮包骨头，脸庞整个凹陷下去，眼睛在那瘦骨嶙峋的脸上显得特别大。幸好有那副金丝边眼镜，不然一定会让人误以为ET再临。

"宋公子？你这是什么情况，半年不见瘦成了这个鬼样子？"我原本对他说话就很没谱儿，乱开玩笑，虽然半年不见，但却并没有什么陌生感。

"有空聊聊吗？"他笑着看向我，手里的滑雪杆撑在地上有点儿颤巍巍的感觉。

"嗯，等我把这万恶的摔跤之源卸了。"

我们在滑雪场旁边的咖啡厅里坐下，我皱着眉头看着他。这半年来言青虽然也改变了很多，感觉好像长大了好多似的，可却也没有像面前这位这样形容枯槁。

我握着手里的热可可暖着手："现在你可以告诉我你这是怎么了吗？"

"我做了一个大手术，在心脏里搭了个桥。"

他像是在说一件很小的与己无关的事情一般轻松，可我已经惊得下巴都快掉下来了。

"这就是你半年前拒绝言青的原因吗？"

他微微点了点头。

"其实我很早以前就见过她了。那时候她们学校和我们学校联谊，她是主持人，声音清脆人又漂亮。想不注意她都难。所以之前看到你们贴出去的广告，我就知道是她了。我那时是一时好奇也没有多想，只是觉得能认识这么快乐又美好的人，就算到此为止也值得了。"

"到此为止？"

"因为我有先天性心脏病，确实不敢拖累别人的。"他叹了口气停了停。

"言青如果知道的话一定不会在意的。"我很小声地说。

"正因为我知道她不会在意，我才更不能拖累她。她太好了，我又怎么能这么亏心。"他看向窗外，雪地刺眼的光线让他显得越发苍白。

"她过得好吗？"他转头看向我问道。

"应该算好吧。虽然没有之前那么开朗了，但也算正常，之前说喝酒胃出血什么的，是我自作主张骗你的。"我扯着手套上的毛球说。

"我知道的，毕竟医院就像我的第二个家一样，要查住院记录什么的，还不算什么难事。而且后来我还去酒吧看过她。"

"你去过？"我有些惊讶地看向他。

"没有进去，只是在门外远远地看了看。"

我点了点头："那你打算怎么办？会去找她吗？"

"不了吧，今天见你，实在是只想知道她过得好不好。并不想让她知道实情。"

"这样对她公平吗？对于一个喜欢你的人，知道真相还是有必要的吧，至于最终是她受伤还是你受伤，这就要看她的选择了。除非是你觉得你的心脏太弱，承受不了她的拒绝。而且你现在不是痊愈了吗？你们还有机会的啊。"我嘴上虽然这么说着，心里却也在思量对于言青告诉她是不是最好的选择。但有一点我很清楚，如果这事就这么瞒了她，她若知道了，一定会恨死我的。

"心脏搭桥手术是比较不靠谱儿的，谁知道会不会有第二次第三次，我就算不死也是一辈子的病人，她应该嫁比我更好的人。"他低着头转着手里的马克杯。

我一时无言，空气像是凝固了一般让人窒息。

"你告诉我，我就一定会告诉她的，这事儿我不应该替她做主。但我猜，她会找你。也许你们真的应该再见一面，就算做回朋友，也好过现在这样。"

"我不敢，在她表白之前，或许我还可以假装她不喜欢我般地和她做朋友，但一切点破了，就必须要做一个选择，不是和，就必须分，没有中间的缓冲地带给我们。我若再出现的话，就真的太过分了。对她才是真正的不公平。"

"唉！你看人家谈个恋爱合合分分的多轻松自在，你们非得搞得和韩剧一样，明明是个心脏病人，还一定要左思右想，让自己这么百转千回。你们不累，我都替你们累。"说着眼眶不由一湿，言青如果知道这件事，一定会哭的吧。她宁愿他真的不喜欢她，也不愿意宋公子有事，就像上次我在医院时打给她的电话那样，她第一句问的是他的身体。这样的她，怎么可能不哭。

"你心脏病还能去沙漠徒步，你还跑来滑雪？"我突然转移了话题问道。

"我只是不想那样安全地活着。我家庭条件不错，从小到大一直都被保护得很好。认识了你们后，我突然意识到，对于我来说，活得太平庸比活不长更可悲。如果能像你和言青那样肆意洒脱地活着，就算很早就挂了，我也不会有太多遗憾了。所以我就去参加徒步了，如果死在沙漠里的话，那也证明我曾那么勇敢地活过。"

"那这也太冒险了。人生有好多种肆意的方法，你非得选择这么直接的吗？"

"主要是我没有那么多的时间去做人生的逆行者了。其实我倒是很想离开这个城市去更大的天地闯一闯，可我的硬件条件确实做不了这个主。只能突破一下自己，徒徒步，滑滑雪。"他无奈地笑了笑。

"想当初我和言青拿出自己全部的资产，又东借西挪地开了'青吧'，言青则是放弃了家里给自己介绍的工作，全身心管店。言青在开店的前一天说的话和你所说的如出一辙，她说：'我家父母就我这一个女儿，虽然我很想去大城市里闯一闯，可又怎么能扔下他们呢？我只能用自己有限的力量活出最喜欢的那个自己了。'我们开店时的口号是'玩乐第一，赚钱第二'。真是物以类聚，人以群分。"我笑了笑，嘴角有些僵硬。

"虽然我不知道她最后会做什么样的决定，但如果我是她，就算喜欢的人最终会死去，我也希望他死去之前的日子能有我的陪伴。这样，两个人的人生就都没有遗憾了。"

"那是害了她。"

"你该把选择权交到她的手里。"

"这样对她不公平。"

"那瞒着她，让她觉得你根本就没有喜欢过她就公平了吗？"我皱着眉头说。

"你想啊，如果我只有匆匆几年就挂了，也还好，她还年轻还有很多可能。可如果我还能活个十几年，二十几年呢？她要怎么办？"

"如果你好好对她，这些时间又算得了什么呢？谁能保证一段爱情能坚持十年、二十年？就算她嫁个平常人，那人可能长命能活过十年、二十年，但能保证对她不离不弃吗？就像你去徒步和滑雪一样，爱情本身也是一场冒险啊，未来是什么样子谁都无法确定，就算你是健康的人，你们在一起了，你们就能保证可以相伴一生吗？你们不能，也没有人能。何必要这么为难自己，何必要给自己的人生留下这样的遗憾呢？"

"这件事还是先放一边吧，你先别告诉她，我再考虑一下，到时候我会自己去找她。"他犹豫了很久之后说。

那天之后，我都不敢去见言青，因为我们俩人之间从来都没有秘密，谁有点儿屁大的小事儿，也要知会对方一声。这次对于瞒下她这么一大桩秘密，我是一点儿信心都没有的，所以干脆就不见，我连着一周都没有去店里。言青打电话来，我都说我在忙，挂了电话就愧疚不已，搞得自己像个负心汉似的，特别不爽。

一周之后我实在有些忍不了了，便打电话给宋公子。

没想到电话一接通他便说："我在她店门口，准备进门。"我连忙收了线，做不知情状。可又觉得很不放心，纠结了一番，还是往她店里去了。

宋公子应该已经回去了，店里没有几桌人，言青在吧台里煮咖啡，表情平静。

我看不出所以然，怔怔地盯着她。

"你舍得来见我了？"她挑挑眉，看向我。

"忙完了就来瞧瞧你呗，免得某些人太思念我。"我看向别处接着话。

"别装了，装得又不像，他来了都交代了。"她轻描淡写地说。

"真的！怎么样，怎么样？最后什么情况？"我扑过去握住她的手。

"没什么情况，我知道他喜欢我，我一直都知道。"她低头笑着说。

"那现在怎么样嘛。你们决定在一起了吗？"我急切地问着。

"嗯，走一步看一步嘛，就像你说的，谁也不知道未来会是什么样子。"她放了杯牛奶在我面前说。

"唉？怎么是牛奶？咖啡呢？"我笑着嚷嚷道，心里为她乐开了花，她总算是盼来了一个结尾。

"王大小姐，你看看你的黑眼圈，还咖啡呢，再这么下去我明天得去动物园找你了。"她把糖罐往我面前一摆，"不喜欢牛奶的味道可以加糖。"

"我们喝酒吧。你有着落了，我这心里半悲半喜的，可没了着落。"我笑着调侃她。

"你着落多着呢，是你自己不想有罢了。"

我笑着看她。这一周我都没怎么睡好，对他们俩的未来各种担心，可是没想到真正到了这一步，我却真心地在为他们高兴。看到言青那消解了忧愁之后的眉头，和那隐含着笑意的嘴角，我甚至觉得就算没有明天，那么今天的他们也值了。

"这样就很好！"我笑着看她。

"嗯！"她笑着说。

他们的恋爱平淡得要命，言青说不准宋公子再参加任何刺激的运动，宋公子则回道："他已经把余下的生命都放在他此生最大的冒险里了，怎么还会去冒险呢？"

两人表面平淡，可我知道，他们之间的空气都能掐出蜜来。

宋公子在酒吧的对面租了房子，言青一脸夫唱妇随的认命样，跟着搬了进去。

后来，因为一次在我们城市的展会，我被一家深圳的公司相中。犹豫再三之后，我只身南下，在我的送行"趴"上，宋公子史无前例地喝了酒："我们三个人都想去大城市闯一闯，最终只有你一个人实践了，你就当是带着我和言青的梦一起去那边吧。如果哪一天看够了、累了，我和言青的家就是你的家。"说着一饮而尽。

到了深圳，我和言青依然常常电话，听起来，他们过得很好。

他们结婚时我专门回了家，做了言青的伴娘，看着言青脸颊的泪，我相信那代表着幸福。

而今，他们结婚六年多了。

言青说："他走了。"

我一时竟说不出话来。

不管之前我们说得多么理直气壮，也不管我们有多少大道理能撑起这条爱情的船舶，让它驶向远方，可当它沉没的时候，我们谁也无话可说。当初也许还有更好的选择，但谁又能肯定未来会比现在这个更好呢？

宋公子带着言青的爱情去世了，之前我对他说：用生命去冒一次险的壮志豪情，一时间化成一片烟雨迷蒙了双眼。

这不是我的爱情，却代表着我对爱情全部的理解。我不知道一直陪在他身边的言青是否真的如她所说的"很好"，但我知道那突然空虚的身旁一定让她心痛无比。

"和他一起你后悔吗？"我忍不住问。

"现在这么难过，我真的想说后悔呢，可是如果没有和他在一起的话，我可能会更后悔。"言青有些哽咽地说。

"来深圳吧，散散心。"

"好！"

那个为爱冒险的人远走了，可剩下的人还要继续前行。我还清晰地记得那夜，我走进青吧看到的，那个故作平静煮着咖啡的女孩儿，她自信地说："没什么情况，我知道他喜欢我，我一直都知道。"

她还说："就像你说的，谁也不知道未来会是什么样子。"

她的走一步看一步，一不小心就陪着他走完了生命的全程。而宋公子的一生，也因为他自己的执着和勇敢精彩且华丽，也许他们俩曾在医院里痛哭过，但我相信，握着彼此的手的他们应该也是幸福的。人生的苦如果有一个人陪着承受，应该会溢出一丝丝的甜蜜来吧。

只是现在只剩下言青了。人生的路没有对错，如果让言青再选择一次的话，我相信她还会选择这一条路。可是我呢？如果再让我选择一次的话，我还会鼓励宋公子去找她重修旧好吗？

我看了看那灯火阑珊的背后暗沉的天空，不由得犹豫了。

夏哥的故事

羊乃书 /

芸芸众生对于情爱的理解千万种，
你会遇到如我一般的人，
也会遇到夏绮韵的同类。
美好的不一定就是对的，
而夏哥的生活也未必不幸福，
而你，
只要紧握自己的那一种就好。

　　夏哥是一个隐居式的女人，不管是大学时我们同住一个单元楼，或是如今四散各地，夏哥的生活都是一个谜。她跟大家总是疏离又熟稔、陌生又亲密。其实夏哥原本也不被大家所熟知，尽管到最后，夏哥也依然不是什么响当当的人物。但在朋友圈里，以及这个圈尚能波及的一些区域，夏哥成了一个传奇式的存在。

　　夏哥是土生土长的上海人，整个人透着一股精致与灵气。夏哥那时还不叫哥，她有一个婉转动听、水光潋滟的名字——夏绮韵。夏哥身上有许多上海人的典型特质，她自有一套讲究格调的生活哲学。举手投足，穿衣吃饭，都有种高雅与做派。而比起一般上海人，她又少了两分浮华市侩气，多了几笔潇洒之风。

　　她跟我同属中文系，说不认识，其实也认识，学院一个系的新生就那么二百来号人，好看的姑娘早就在脑子里注了册，但跟她真正认识是在小珍珠组的局上。小珍珠何许人也？简单说来，是熟到可以跟我同穿一件内衣的闺密，关于她的故事，此处先按下不讲。

夏哥说话时，一定是微笑着，目光仿佛还含情脉脉。那种笑，美到让人无地自容，你跟她说着说着，就在一片温柔乡中不知不觉迷失了自我，彻底把原本想要表达什么忘到九霄云外。她的声音即使是讲普通话，也带着上海话语里的灵魂，是吴语的那种低声温婉，矜持适宜。

我跟夏哥之间如温水一般的关系持续了很长时间，让我们关系急速升温的，是我人生中最痛苦的一次失恋。对方没有任何征兆地，向我宣布了他已移情别恋的事实。像是苦心经营的公司破了产，不仅丢了本钱，还拖了一屁股算不清的烂账。

我整天在宿舍涕泪横流，茶饭不思，身边的女性朋友除了轻言柔语的宽慰，便是陪我义愤填膺地控诉世道不公、人心不古。时日虽逝，我的伤痛却并未得到半点儿减轻。突然脑海中浮现起了夏哥的存在，立马抓起手机拨通了她的电话。

"怎么，吹了？祝贺啊！人生迎来新篇章！"

"嘤嘤嘤，他劈腿了。"

"他贱呗。"

"可我放不下。"

"你贱呗。"

"他还打来电话安慰我。"

"天，你该不会以为他还想和好吧？"

"可为什么还关心我？"

"你们这些小女生才真是好骗呢，他为了占据道德制高点，贱招无所不用其极啊。"

"他说对不起，很后悔。"

"狗改不了吃屎，人家摆个姿态，求个自我安慰，你就以为他真觉得抱歉啊？"

夏哥很擅长处理感情的各种疑难杂症，力求毫不留情地摧

069

毁患者对"假美好"的一切幻想，把所有虚伪都暴露于光天化日之下，把矫揉造作的小情小绪都杀个片甲不留。任何我们解决不了的感情障碍，只要夏哥亲自出马，三下五除二，快刀斩乱麻，绝对让人心服口服，可谓业界良心。

夏哥有句口头禅："男人的鬼话你也信啊！"因此当夏哥谈恋爱的消息传来时，聊天群里简直炸开了锅，闺密们争相讨论着这一惊天大新闻，同时纷纷好奇地猜测着，谁的鬼话终于收服了圈中第一难搞的夏绮韵。

俩人很快搬出了集体宿舍，在校外小区的居民楼，租了一室一厅同居。男生叫程姚，一米八的个头儿，外形是理科男生里的翘楚，英俊帅气，眉宇间有种落拓的沧桑感。

某次，小珍珠呼朋引伴，我们一大帮人在酒吧里喝酒。夏哥带了程姚过来，烟头的火光明明暗暗打在他脸上，映出瘦削的轮廓。夏哥唇色妩媚，一袭连身长裙，身段袅袅，细高跟凉鞋，赭红脚趾精致小巧。

小珍珠高举一杯酒敬夏哥："怎么办，我真不敢相信你谈恋爱了！"

"喂，我也是普通人，也有那个需求好吗？总得找个固定伴侣吧。"清新温婉的调子说出来这些话,听起来真是毫无下流之色。

"别瞎扯,是不是洗心革面,打算从此走上贤妻良母的路子?"

"贤妻良母,想什么呢,现在家务程姚全包,洗衣拖地擦窗户,样样不落。"夏哥说这些的时候,脸上流露出一副顺理成章的神色。

"那你呢?你干啥?"

"上课、逃课、听歌、看书、看电影、吃饭、睡觉,还有,别忘了,你们这些小姑娘的情感问题,还不得由我来出面解决吗?要不要我替你翻翻你那本烂账啊?"

"别别别,所以,你想要的是家庭妇男?"

"对啊,毕业以后,钱可以我来赚,家可以我来养,我不需要他赚得比我多,只要打理好内务就可以了。"夏哥一米六五的个子,体重不到九十斤,这些字眼,铿铿锵锵地落在她瘦削的肩上。

"程姚能接受吗?"

"接不接受那是他的事，不接受明天就可以请他走人，我又不急着嫁。"

我们对她的了解显然过于肤浅，夏哥恋爱这件事并不代表她相信了谁的鬼话，不过是找了个你情我愿的人搭伴过日子罢了。

如果说我是典型的理想主义者，而夏绮韵，毋庸置疑，则是彻头彻尾的现实主义者。她一再强调，爱情与结婚是两码事，婚姻关系从本质上是一种合作关系，而爱情，则是稀缺品、奢侈品，是太高的奖赏。结婚是她下一阶段的生活方式，人人可以结婚，简单得很，可爱情，完全是另外一回事。

八卦总是朋友圈里跑得最快的谈资，在这些茶余饭后的闲扯里，有两条是关于夏哥的。

一是说程姚在家洗衣的范围，大到机洗窗帘、被单、枕套，小到手洗夏哥的贴身内衣。有次陪她去商场逛街，夏哥相中了一件白色的内衣，程姚极力劝阻她不要买。夏哥很疑惑，问为什么。程姚面有难色，说白色容易脏，不好洗。二是说有天程姚情绪很低落，找到夏哥的朋友，倾诉他觉得日子苦闷，夏哥神秘得像大英百科全书。这话后来传到了夏哥耳朵里，她听完嫣然一笑："呵呵，他当然不知道我在想什么，而且他永远不会知道我在想什么。"

我们窃以为，这种状态撑不了太久，没想到两年喇喇过去，他俩相安无事。

转眼就是毕业季，终于传来了夏哥和程姚要分手的苗头。据说原因是夏哥铁定要回上海，而程姚虽然爱她，却也没办法忤逆父母要求他回家的旨意，俩人凑不到一块儿，估计只能分道扬镳。

在学院办毕业手续，刚巧碰到夏哥。

"你俩到底分没分？"

"分啦！"

"那你住哪儿？"

"小区里租的房子啊。"

"程姚呢？"

"也住那儿啊！"

"你俩不是分了吗？"

"是啊，宿舍太脏，没法儿住，况且也没两天就撤了，搭伙煮饭还省钱。"

"那你们能和平相处，不尴尬、不伤心吗？"

"有什么可尴尬、可伤心的？大家都是摆事实讲道理的明白人，他要跟我去上海咱俩就成，他要不去上海这事就拉倒。"

如此决绝的话语，从夏哥口里出来，依旧是那股柔柔掠过的和风细雨。我没见过她生气恼怒，犀利的本性始终以一种柔性姿态展现，关键时刻绝不手软，总是杀出温柔的一刀。那一刀的锋利，肉眼看不见，落到身上才知力道。

朝夕相处两年，俩人忙活了整整三天，才把出租房里堆积如山的物品清理干净，该扔的扔，该寄回家的寄，肩挑背扛一身灰，程姚一屁股瘫在沙发角里。

"绮韵，你就不能……"

"程姚，我已经把话讲得很清楚了。你要愿意去上海，我们就在一起。你要不去，我们就各回各家，各找各妈。"夏哥早就料到他要说什么，两年下来，程姚屁股一离凳子，夏绮韵不用问，就知道他要去哪儿、去做什么。而她自己呢，依旧是程姚心里那道永远解不开的数学题。

妈的，临到头，还是这么坚决，连假惺惺的眼泪，都不肯流一滴，程姚心想。

我们约定毕业前喝一次散伙酒，地点在九眼桥的苏荷。人很多，又吵又乱，DJ拼了命地闹腾，无法无天，像是明天就是世界末日。夏哥一上来，整杯整杯干，爽快利索，劝酒像打太极掌，连绵不绝，将对手乖乖降服。

我们把自己想象成美国电影里那些婚后绝望的主妇，趁老公出差，早早哄睡了孩子，在衣柜底层找到年轻时的小片儿裙，踩着十厘米高的尖头鞋，扭臀甩腰走在夜店里，感觉一场子的年轻肉体全部供我们随意挑选，这批不行立马再换一批。实际上，我们糗得像煮久了的面条，不仅不敢跟别人搭讪，有人想来一起喝杯酒，拒绝得比谁都快。

从苏荷出来，零点已过，府南河的河风温柔得仿佛是夏哥在耳边的呢喃，隔着街就是一环路，飞车党的油门轰得大，像胃里的翻江倒海。小珍珠扯着嗓子叫："要不咱换小角楼吧，不然喝到什么时候才能醉啊！"我看着另外几张糊满了红晕与醉意的脸，闻着从胃里泛出来的酒味，没敢吭声，夏哥一副迷醉却温婉的模样："好啊，来啊，一人一瓶，不醉不收。"

小角楼不负众望，成功将大家放倒。几摊烂泥横七竖八、重重叠叠趴在路边烧烤摊的小木桌上，小珍珠在路边抱着电线杆子吐得翻天覆地，心肝脾肺肾都快要呕出来。

夏哥意识尚存："今儿没法儿回去了，不能让程姚看到我这个样子，一起去小珍珠家睡吧。"

"夏绮韵，你说你一直绷着个什么劲儿呢？"有人拍着桌板问，掷地有声。

"我贱呗。"

两滴晶莹的小水珠，顺着夏哥的眼角，磕磕绊绊地落了下来。

第二天早上，酒还没醒，头昏脑涨地收到她发来的信息：

"走啦，小贱货们，没我的日子，记得保护好自己。男人的鬼话，别信。"

宿醉之后，头痛欲裂，我穿透屏幕看到夏哥的笑，诚恳、精明混在一起，一副深谙男女情爱游戏规则的胸有成竹样。

一年后，我在上海培训，再次见到夏哥，她已经在一家大型外企就职，干得风生水起，财源滚滚，攒钱买了辆小车，让我在地铁站口等她来接。"哔哔哔"，喇叭摁得震天响，吓了我一跳。"上车啊！"还是那个如梦似幻的声音。

"你跟程姚还联系吗？"

"一个月聊两句吧，他现在在家复习，准备考当地一所大学的研究生，他爸好像跟那边有点儿关系。"

"那你现在怎么样，有合适的吗？"

"哎哟，姑娘，你又不是不了解实情，我要的那一型不好找啊。"

某次夏哥喝多了，抱着小珍珠一边号啕大哭，一边断断续续地，吐露了隐秘的儿时过往。夏爸在夏哥很小的时候出轨，不仅带着小三跑了，还顺走了家里所有值钱的东西，临走时，留下的最后一句话是："小韵，好好陪妈妈，爸爸会来接你的，好吗？"此后再没了音信。

为了养活娘俩，夏妈白手起家，贷款开公司，早出晚归。夏哥放学没人管，就跟着她妈跑生意。为了抢下订单，夏妈不得不频繁地跟不同的男人在饭桌上觥筹交错，推杯换盏，哝着个嗓子曲意逢迎，常常喝得人仰马翻、不省人事。夏绮韵一个人坐在她妈旁边数碗里的米粒，等局散了，人走了，踉踉跄跄地扶着烂醉的夏妈，打车回家。她记得饭桌上每一个人的模样和名字，也偷翻过夏妈的每一笔订单，默默记下，那些酒桌上拍着胸脯保证的承诺，事后却成了泡影。

"知道我为什么心疼你们这些傻姑娘，每次一看到你们被男人欺负我就气不打一处来吗？哪有那么多彼此交付的真情啊，你们倒是认真了，他们拍屁股就走人啊！"夏哥一个人躺在地板上，滚来滚去胡喊着，终于喊累了、消停了，整整睡了三十六个小时，刷新了人生纪录。

她从未在平日闲谈里，向任何人说起过这段经历，于是当故事传开以后，大家也都知趣地放在心里，绝口不提。

年少时看过了太多的人心难测，等她出落成亭亭玉立的江南姑娘，言笑晏晏，楚楚动人，身体里那颗心，却变得无坚不摧。

尤其对于男人，她始终心怀芥蒂。"他们说的话，就跟晨间的露珠没什么两样，等到烈日一来，就烟消云散了。"她用最女性的外表，武装起了最男人的灵魂。她只相信那些看得见、摸得着的实在，种种虚无缥缈的东西，感情也好，财富也好，还是把主动权握在自己手里为妙。

这么多年，我们常开玩笑说夏哥心里有病，对男人成见太深，费尽口舌想要把她的择偶观往正常轨道上拉回来那么一星半点儿。她却一直坚守着她那一套，我们无法苟同的标准和原则。一起去看电影，屏幕上出现男女主人公一番甜言蜜语，然后拥抱亲吻的画面，她是全场唯一一个哭得稀里哗啦的人。那是座美丽的幻城，有王子和公主，有天荒地老的不朽爱情，有"从此以后，他们幸福地生活在一起"的结局。但只要一回到现实生活中，她便又成了那个，程姚看来怎么也参透不了、冷若冰霜的夏绮韵。她无法解开自己的枷锁，却可以救赎身边的朋友。

醉倒在小珍珠家的那个晚上，夏哥没注意，包里掉出了一张卡片。小珍珠捡起来，大家一个传一个，挨着看过去，每个人看完都扯张纸巾抹眼角。

上面写着："程姚，记得你说过的每一句爱我，抱歉，没能对你说一句，其实，我也爱你。"

夏绮韵的字真漂亮，秀丽颀长，风姿翩翩，但程姚看不到，也永远不会看到了。

而他也不会知道，夏哥在小珍珠的家里暗藏了一个百宝箱，里面有程姚送给她林林总总的礼物，厚厚的一沓电影票，她偷偷拿走的、程姚最钟情的那瓶大卫杜夫香水，还有500G的移动硬盘，里面存着他们所有的照片、聊天记录、一起在家里听过的歌曲，通通是她不得不从生活里剔除、却永远无法在心底清空的爱情残骸。

这些东西的意义超越了程姚本身，是她曾真切爱上一个人的最好记忆，实物在，过去就在。

又过了一年，夏哥寄来请帖，她要结婚了。

"那男的怎么样？"

"不错，很听话。"

在普罗大众的爱情观里，夏绮韵的选择，绝对是独树一帜的异类。她的一意孤行，只为守护她看似刚强、实则脆弱的自我，以掩盖男人这个字眼，在长久的过去，带给她永无弥合的伤痛。

对于感情美好的模样，夏哥一直心怀憧憬，但失败的案例看得太多，她不敢去冒那个险，把自己置于将她感动得痛哭流涕的故事里。

她知道，身边的姑娘们，会源源不断、争先恐后地，像愚蠢的飞蛾，扑向爱情的火焰。于是，她固执而倔强地选择隔岸观火，并在每一场火起之后，冲上去做那个英勇的救火员。

飞蛾们围着她嗡嗡转："加入我们吧，加入我们吧，你都没见过，火焰燃起来的那一刻，有多灿烂！"夏哥从来不为所动，她知道内心要什么，且谨记着使命。

对于夏绮韵而言，还有更好的活法吗？我不知道。

只是如此活着，用她可以接受的方式，确保自己不会受到太大伤害与损失，握住一份稳当易取的幸福，就足够了。

芸芸众生对于情爱的理解千万种，你会遇到如我一般的人，也会遇到夏绮韵的同类。美好的不一定就是对的，而夏哥的生活也未必不幸福，而你，只要紧握自己的那一种就好。

尘封在青春里的深蓝色情书

/朱磊

有时候错过了，

那就真的一辈子都错过了。

没有假设，

也不存在如果。

或许，年轻时候的青涩爱情大抵就是这样了吧，单纯干净，一如绵绵冬季降落的初雪，同时也会幼稚而不成熟地因为一场误解而彼此不相往来。哪怕是多年以后也会对当时年少气盛、不懂情爱的自己一阵唏嘘哗然，带着淡淡的后悔和不舍。

季盛再一次听到与赵欣雨有关的讯息时，已经是两人分别整整五年以后了。

彼时的季盛已经大学毕业有一段时间了，前段时间刚刚收到自己心仪的一家著名外贸公司的录取电话，公司人事部的主管在电话里通知他，让他九月份带着简历和录取通知信去公司报到上班。为此，季盛的父母还办了一个小型的庆祝会，邀请了一些亲朋好友过来。席间，每位宾客都站起身来笑容满面地向季盛敬着酒，说着"前途无量"之类的恭喜话语。

坐在一切喧嚣的中央，只是不知道为什么，心里像是微微塌陷了一小块，总觉得没有想象中那么快乐。或许，只是身边少了一个可以分享这种喜悦的人吧。

大学里的季盛也曾经由室友牵线尝试着谈过几场恋爱，只是，这几段恋情都短暂得如同盛夏季节里纷扰一时的蝉鸣声，无疾而终。

每次和那些女生相处时，不知为什么，脑海里总会冒出这样一个女生，短短的头发、眼睛小小的、皮肤稍微有些黝黑，性格倔强得八头牛也拉不回来，笑起来不会有好看的酒窝，但是总会让人感觉无比地爽朗和舒心。

从小到大一直以来，季盛心目中理想的女生应该有着长长的头发、大大的眼睛、如同落雪般白皙的皮肤、温婉的性格和笑起来时好看的酒窝。可遗憾的是，这些赵欣雨哪怕一样都不曾拥有。

但是，就是这样一个和季盛心目中理想的另一半八竿子都打不着的女生，却无数次跌跌撞撞不经允许地闯入他的脑海里。

在这个盛夏的八月，季盛参加了高中同学联合举办的一场聚会。

五年的漫长时间改变了许多的事物，比如曾经班级里那个戴着一副眼镜打扮土气的女生，五年之后再次见面，也戴上了美瞳，穿上了高跟鞋，变得美丽洋气起来。又比如曾经班级里的那个成绩倒数、上课时总是在教室后排睡懒觉的男生，高考失利后没有选择上大学，而在社会上辛苦打拼，如今已经是一家小型装潢公司的老板。大家都褪去了曾经高中时的青涩模样，变得成熟起来。

这场聚会来的人数很少，高中毕业时的五十六人，只来了区区十七人而已。曾经的一起相互扶持着走过高三，互相勉励着度过高考的同班同学，有些是因为找不到联系方式无法通知到，有些是身在遥远的外地就算是想要过来也有心无力，而有些人尽管收到了通知，但是因为不想让曾经的同班同学看到如今自己一事无成的落魄样子，而选择了对聚会通知视而不见。

尽管来的人数不多，但是经过了一开始的相互寒暄后，大家便又重新熟络起来，搂着肩膀相互有说有笑，一瞬间仿佛时光逆回到了五年前高中的那段日子里。

酒桌上，大家相互聊起了这些年来的经历，再聊起一些没有能够来参加这场聚会的老同学的八卦，都不由一阵长吁短叹，感叹于这五年时光的蹉跎。也就是在这时候，季盛再一次从某位女同学口中听到了有关于赵欣雨的消息。

"哎，你们还记得赵欣雨吗，我今年春天的时候偶然路过 H 市，在那里遇到了她。"

"赵欣雨啊，当然记得了，当初她可是喜欢季盛喜欢得死去活来呢。这次聚会我明明也有发消息告诉她，可是她却没有来。"这场聚会举办者之一的男生说道。

"我估计她也应该没有时间来了。她和自己的丈夫在 H 市的菜市场那里开了家卖水产品的小店，上次我遇见她时，她都已经有了个一岁大的孩子，现在应该很是繁忙，抽不出时间过来吧。"

"哦，原来这样啊。不过还真是没想到，她都已经有孩子了，果然高中毕业后就不上大学的女生结婚就是早啊。"那男生突然转过头来，开玩笑地调侃着季盛说，"哈哈，季盛啊，听到自己高中时的追求者已经嫁做人妇了，你心里是不是很是悲伤难过啊？"

心跳霎时间慢了半拍，像是有一块棱角尖锐的石子滚进卡在了心房里，怎么都无法磨平，说不出的难受。

"瞎说什么呢，季盛他能难受什么啊！当初也只是赵欣雨单方面地追求季盛而已，季盛可是理都没有理她，大家都知道的，季盛可是一直暗恋着当初学校广播站的王慧研。"这种时候，那名女生开口替季盛反驳了这个问题。

"哎呀，我也只是开开玩笑而已的嘛，我也知道季盛一直都不喜欢她啊。不过啊，说真的，当初赵欣雨做的那些事情换作是我，我可能就感动到答应了她呢。"

季盛一直沉默着没有说话，他轻轻地呷了一口杯中的白酒，辛辣的感觉混合着多年以前就沉积在胸腔里的那种淡淡的悲伤情绪，一齐爆发开来，变化为更为苦涩的名为遗憾和思念的复杂情绪。

聚会散场之后外面已经是繁星夜坠，季盛回到家里，没有开灯直接躺在了床上。黑暗中一直被握在手掌里的手机屏幕正散发着淡淡的白色光亮，上面是一串早已经按好却一直未被拨出的号码，那是临散场时他悄悄和那名见过赵欣雨的女生要来的，赵欣雨现在使用的手机号码。

好几次的，手指都已经点在了屏幕上的拨出键上，却又赶在通信连上之前被快速取消掉。最终，季盛还是一格一格缓慢地删除掉了那串手机号码，然后把手机放在一边，静静地躺在寂静无声的无边黑暗里。

不知黑暗中时间流逝了多久。外面下起了小雨，雨水掉落在玻璃窗上发出清脆的滴答声，小区里的街灯在雨中晕出朦胧的光圈。

也就是在这样的时刻，躺在黑暗中的季盛忽然回忆起了赵欣雨的那总是睡眼惺忪、似乎永远都睁不开的双眸，和那场漫长到似乎有一个世纪般长久的对视。

尽管时光已远去多年，可回忆却依旧如同初见般清晰。

那是高二那年的夏至时节，南方的连绵雨季刚刚过去没多久，世界开始重新沐浴在温暖的阳光之下，头顶的天空碧蓝澄净得如同一块无缝的湛蓝水晶。

在新月一中里，每天午自修之前的一段时间里，学校的广播里总会放上一两首节奏舒缓的轻音乐，有时身为广播站站长的王慧研也会亲自朗诵上一些语言优美的散文或抒情长诗。

季盛依旧像往常一样早早地在食堂吃过午饭后就坐到了班

级里，用手枕着脑袋趴在课桌上，听着教室广播里传出来的王慧研似水般柔和的声音。

正处在十八岁青春年华里的季盛一直都默默暗恋着王慧研，因为在她身上有着季盛所喜欢女生的所有特质，乌黑如泼墨般长而柔顺的直发，如同冬季初雪般白皙细腻的皮肤，宛若暖春午后明媚阳光的温和性格，一双水汪汪的大眼睛，笑起来时脸颊两侧总会浮现出两个可爱的小酒窝儿。

"果然我们班的痴情王子又趴在这里听着梦中情人王慧研朗诵呢！"耳边突然传来一句这样的声音，这无比耳熟的声音季盛连头都不抬就知道肯定是同班的赵欣雨。

"哎，我说季盛你怎么这么没绅士风度啊，女生跟你说话你连'哎'都不'哎'一声。"赵欣雨见到季盛没搭理自己，一边自来熟地坐在他身旁的椅子上，一边在嘴里不满地咕哝着。

"赵欣雨，你还真是无聊呢，这么早就到班了，是不是又没回家吃饭啊？"

"嘿嘿，又被季盛你发现了啊，你还真是厉害呢！"赵欣雨摸了摸自己的后脑勺，有些不好意思地回道。

季盛抬起头给了她一个白眼："什么厉害不厉害啊，你家离学校这么远，就算骑车最快也得二十分钟吧，一去一回再加上吃饭的时间差不多一个小时吧，可现在刚放学不到二十分钟你就到班上了，傻子都能看出来你没回家。唉，我说你啊，是脑袋被门板夹过吧，我都说过N次了，我不需要人陪，你怎么就不听呢！"

"哈哈哈哈哈！"赵欣雨故作白痴打着哈哈想要转移话题。

"你不要每次当我说起这件事时你就这样对我'哈哈哈哈'地想要蒙混过去。赵欣雨，我告诉你，下次你再这样不回家吃饭我可就真的生气和你绝交了！"

赵欣雨的嘴唇微微颤动嗫嚅了几下，当季盛把耳朵靠近时只听见了最后面的一句话："……真是个笨蛋，要不是看你总是一个人坐在教室里显得那么孤单寂寞让人心疼，我才不愿意留下来陪你呢！"

季盛抬起头来时，正对上赵欣雨那双似乎永远都一副睡眼惺忪模样的双眸，她的眼睛里面像是有着什么情感璀璨如同星辰，说不出藏着怎样的未名心事。

那天透窗而来照进教室里的午后的阳光，清澈明净得如同山林里的溪涧，安静照映在她的面庞上。在季盛的印象里，那次短暂得只有三五秒不到的对视，却在很久很久之后的回忆里漫长恍若一个世纪般那么漫长而悠久。记忆如同断点。

第一次见到赵欣雨是在初中开学的时候，那时刚刚新分完班，作为季盛新同桌的她留着比男孩子稍长一点儿的短发，整个人一副假小子的模样。

开学第二天的数学课上，数学老师在讲台上口若悬河，而她正在课桌下面看武侠小说看得津津有味。估计数学老师也注意到了从上课开始头都没有抬过几次的她，便故意喊她起来回答黑板上一道数学题。

一直沉浸在刀光剑影的武侠世界中的她当然回答不出来，像个木头人般呆立在那里。这时还是季盛借着课桌的阻挡，在下面悄悄用手指捅了捅她的大腿，然后把写上了答案的习题本推了过去。

顺利解决了数学老师的提问，等到下课之后，赵欣雨站起身来拍了拍季盛的肩，如同武侠小说中那些侠客一般，豪情万丈地拍着胸膛对季盛说道，季盛你这个仗义的朋友我认了，以后要是有人欺负你就尽管来找我赵欣雨，我会帮你摆平的！

这一番话搞得季盛是哭笑不得，不过在接下来的时间里两人还是成了很好的朋友。

而收到赵欣雨突如其来的表白是在初三那年的情人节。

那天晚上季盛像往常一样吃完晚饭后去教室上晚自修，在长廊上遇到班上同学的时候，他们都直直盯着他看，并小声在一旁窃窃私语着什么，每个人脸上都流露出一种古怪的笑意。

当走进教室的时候，这股古怪的感觉更加浓郁起来。原本闹哄哄的教室在季盛走进来之后，顿时变得安静下来，每个人都朝着季盛行着"注目礼"。当走到座位上时，他终于明白了这种古怪气氛的由来，自己的课桌上有着一封被精心折叠成心形的粉红色情书，情书旁还放置着一朵艳红色的玫瑰。

当即的，季盛就有种不好的预感。果然，这时候整个班级的同学都大声地吼闹起哄起来，而在这哄闹声中，赵欣雨红着脸缓慢走到他面前。这是季盛第一次见到总是一副天不怕地不怕的赵欣雨露出这种害羞到脸红的模样。

"季盛，我喜欢你，你做我男朋友吧！"她抬起头望着季盛这样说道，可能是因为太过于紧张的缘故，连语音都是颤抖的。

"在一起！在一起！"班上同学都在旁边大声起哄叫嚷着。

所有人都目不转睛地看着季盛，看着他将会做出怎样的回答，只见他缓缓拿起桌子上的情书和玫瑰，递还给赵欣雨，并低下头诚恳地拒绝说："赵欣雨，对不起啊，我只是把你当作我的最好的朋友来看待。"

在季盛拿起情书和玫瑰的时候，赵欣雨还误以为他接受了礼物就要答应自己了，眼眸里是掩饰不住的喜悦光芒，嘴角也弯起了一个浅淡的幅度。只是，在这抹微笑还未曾完全绽放的时候，便凝固枯萎在了那里。听到这些表白被拒绝的话语，她眼眸里的光亮也骤然熄灭。

就在包括季盛在内的所有人都认为赵欣雨下一秒就要流出眼泪的时候，她却出人意料地突然爽朗一笑，并握紧拳头大声朝季盛说道："季盛，我总有一天会让你喜欢上我，让你成为我男朋友的，你等着瞧吧！"

当时季盛还天真地以为一向性格坚毅的赵欣雨对于表白被拒的事情并没有放在心上，只是后来那天晚上，赵欣雨请了病假没有上晚自修。第二天早上再见到她时，她的两只眼睛红肿得像是两颗好笑的核桃。

问她，她只是笑着摆了摆手说昨晚眼睛迷了沙子。很明显的谎话，可季盛却想不出去戳穿的理由。

现在回想起来，这么多年以来，在赵欣雨身上的那种坚强也只是强装出来的吧。

明明很想哭泣，却硬要在旁人面前强忍住几欲落下的泪水，营造出自己无坚不摧、刀枪不入的坚强假象出来。

季盛一直在想，这么多年来自己究竟错过了什么，就连最后两人分别的时候，他都完全没有看透那个似乎脸上永远都挂着笑容的赵欣雨。

在那场表白之后，赵欣雨开始毫无顾忌地追求起了季盛，用她的话来说就是，季盛你看我这么喜欢你，你就从了我吧，我会一辈子对你好的。

这样的日子直到高一下学期的某一天，季盛告诉她，自己喜欢上了学校广播站的王慧研。季盛已经记不清当时听到自己说这句话时她脸上的表情了，只记得原本一直不停叽叽喳喳在一旁说着话的她突然沉默了下来。

然后在第二天的时候，赵欣雨突然跑过来告诉季盛，说她要帮他去追求王慧研。当时听到这句话时季盛完全怔在了那里，脑袋里完全混乱了，完全搞不懂赵欣雨的想法。

他小心翼翼地询问道："赵欣雨，你昨晚是不是感冒发烧把脑袋烧糊涂了？"

"你才把脑袋烧糊涂了呢，我是和你说真的，你不是喜欢王慧研吗，我帮你去追求她。"赵欣雨一字一顿地说道，表情是无比地认真。

季盛原以为她只是开玩笑而已，没想到的是，当天下午她就把王慧研的手机号、QQ号、家庭住址、兴趣爱好、星座属相等等一大堆信息给季盛打听来了。

只不过，直到高中毕业季盛也没有鼓起勇气去给王慧研发送哪怕一条讯息。

当初赵欣雨对自己说出那些话时，在打听到与王慧研有关的几乎所有讯息送给自己时，她到底是怀着怎么样的心情呢？
就算是现在的季盛也怎么都捉摸不透。

那应该是一种无比酸涩而悲伤的心情吧，既然这样，那又
为什么那时的她却依旧能对着自己微笑出来，鼓励着自己努力
去追王慧研呢？终究是想不出答案。

大二那年的晚自修上，老师在教室里放映了九把刀的电影
《那些年，我们一起追的女孩》。或许是被影片感染而想起了
渐渐逝去的青春和在那场繁华青春中自己曾深爱过的某个人的
缘故，当放映结束时，很多人都在黑暗中小声哭出声来。

季盛原本只是抱着看热闹的无聊态度来观看这部影片的，
可是当他看到平行时空中的那场瓢泼大雨里，柯景腾追上哭着
跑开的沈佳宜，为坐在那里哭泣的她温柔拭去脸上的泪水，说
出那句"对不起，是我太幼稚了"时，季盛不知不觉就已然湿
了眼眶。

回去宿舍的路上，那晚的月光很是皎洁，晚风很是轻柔，
他掏出手机，想要给赵欣雨打个电话，不管是作为多年未曾联
络老朋友的问候也好，还是为当年高考后发生的那件事认错也
罢，他都已经完全不在意了。此刻的他只想告诉她，自己很想

念她，是那种排山倒海般的想念。

号码依旧是高中时她使用的那串熟悉的号码，可是电话里传来的却是"你所拨打的号码是空号，请查实后再拨"的毫无情感的冰冷电子音。

在QQ上用假装毫不在意的态度随口问一些高中的老同学，他们都说自从高考结束后就再也没有见到过赵欣雨，好像是高考结束后的那年夏天她家就举家搬到了其他城市，她之前所留下的所有联系方式也都变更废弃掉了。

在那一刻，坐在电脑前的季盛看着那个一个人就占了单独的一个分组，而且永远都不会亮起的灰色QQ头像，突然体会到了一种此去经年、物是人非的淡淡悲伤。

那天晚上，很久都没有做梦的季盛突然做了一个漫长而温暖的梦，梦境里时光溯回，自己回到了高考结束后的那个盛夏，在那场吵架发生之后，幼稚而不成熟的自己没有性格倔强地一直不去联系赵欣雨，而是主动地去找了赵欣雨，诚恳地向她道歉认错。收到道歉，一开始赵欣雨也是一副不理不睬的模样，可是自己依旧每天去她家楼下恳求她的原谅，心地善良的她最终还是心软了下来，接受了自己的道歉，两人和好如初。

　　再然后是什么呢？梦境没有给出具体的结局，季盛也不知道答案。当他从睡梦中醒来时，窗外已是天光大亮。

　　但是他知道，要是当初自己真的这样做了，或许就会是两种截然相反的结局了吧，也不会留下这么多的遗憾和不舍。

　　高考结束之后的那个蝉鸣盛夏里，季盛和赵欣雨大吵了一架，然后便天南地北从此各自分别。

　　那天两人一起结伴去学校拿了高中毕业证书，学校道路两旁栽满了高大葱翠的香樟树，在人行道上投落满了墨色的阴影。

　　回去的路上，一直低头沉默着的赵欣雨忽然缓慢开口说："季盛，其实我高考交了白卷，我不准备上大学了，等这个夏天结束后我就准备出去打工了。"

　　为什么要交白卷，你成绩那么好，肯定能考上好的大学的？！季盛的语气里除了不解和困惑，还有一种被欺骗后的深深的愤怒。在高三的最后一段时间里，每天赵欣雨都会在晚自修放学后继续留在教室里给他补习弱势的科目，在那时候她说的最多的一句话就是："季盛，你要是高考考不过我，小心我嘲笑你一辈子哦。"在那段黑色而压抑的高考天数倒计时里，支撑着他努力学习下去的信念就是这个。

"因为打工多好啊，还能赚钱，而上大学还要费钱。"她随意踢开脚边的一块石子，那种满不在乎的口气，似乎真的觉得出去打工比上大学好了无数倍。

"那你之前说的话都是在骗我了？"季盛明知道问题的答案，却心中残留一丝幻想地依旧继续追问道。

漫长的沉默，就在周围的空气仿佛都将要结成坚冰的时候，她缓缓点了点头。那一瞬间，她望向季盛的目光里像是隐忍着什么悲伤情绪。

那天满腔怒火的季盛和赵欣雨大吵了一架，这是两人第一次也是最后一次争吵，最后甚至被怒火冲昏了头脑的季盛对着她大声吼出了："赵欣雨，你这个骗子，我这辈子都不想再见到你了！"

然后，真的自从那场分别之后两人就再也没有见过面。

后来，在大三那年偶然和一位高中时住在距离赵欣雨家不远的校友闲聊的时候，季盛才从他那里知道了当初赵欣雨不上大学而出去打工的真相。那段时间里他的母亲得了尿毒症，每天的治疗费用很是高昂，而赵欣雨还有个正在上高二的弟弟，毕竟女儿将来是要嫁出去的，因此她的父母亲就决定把钱省下来让弟弟将来上大学。

这时候，季盛回想起当初离别时她看向自己的隐忍着什么悲伤情绪的目光，这才明白那应该是一种对于命运的无奈和对于自己的失望吧！自己和她在一起这么多年，却依旧会生气，会误解倔强不愿意说出真相的她。

自己这个陪伴在她身边多年的朋友，却依旧如此失职。

因为九月份就要出去外地上班的缘故，可能在将来的很长一段时间都不会再回来，于是这天季盛便在家里的阁楼里整理收拾着一些要带出去的行李。

尽管是白天，但阁楼里光线依旧很是黯淡。在堆满杂物的阁楼角落里，季盛忽然发现了一个上面积满了灰尘的纸盒，打开，里面是厚厚的一叠情书。要不是现在看到这些情书，或许就连季盛自己都快遗忘了，原来在自己暗恋王慧研的那段时间里，曾经写下过这么多未被送出的情书。

实际上，此时的季盛甚至都已经忘记了王慧研到底是长什么模样。只是依稀记得在自己高中时，曾经深深暗恋过某个叫作王慧研的女生。

现在已经长大成为一名成熟男子的季盛回首前尘往事，看来当初与其说自己是暗恋着连话都没有说过哪怕一句，和自己没有半点儿交集的王慧研，倒不如说一直暗恋着的是自己虚拟出来的人物，一直在把王慧研往自己所期望的方向无限美化，而现实中的她并非完全如同自己想象之中的那般。

自己一直都在编织着一个虚幻的美梦，然后把自己整个人困顿其中，从而看不见一直陪伴在自己身边的人也体会不到那些她曾经给予的关怀和温暖。

时过境迁，物是人非，现在想来，当初的自己真是蠢到无可救药。

无数曾经给予过自己刺骨温暖的暖色记忆碎片纷至沓来。

因为自己钟爱长发的女生，所以直到高中毕业赵欣雨她便留了整整五年的长发。

因为自己欢皮肤白皙的女生，所以赵欣雨她会很努力地尽量待在家里不晒太阳，希望可以改善自己的皮肤。

因为听说在平安夜前和二十四个不同姓的人每人要上一毛钱，然后用这些钱买上一个苹果，在平安夜送给自己所喜欢的人，那么对方就会得到幸福，所以在每年的平安夜她都会这样送上一个苹果给自己。

因为担心将来不能考上和自己同一所的高中、同一所的大学，所以她一改往日的懒散性格，开始努力学习起来。在高二那年的期中考里，她破天荒地考进了年级前三，当时学校在礼堂里开了个表彰大会，当她上台去演讲时，她却对着全校的学生大声说出了她这么努力学习只是为了将来能够和喜欢的男生考上同一所大学。当话说出口时，台下是掌声雷动，许多知道内情的学生甚至起哄大声叫起了自己的名字，而台上学校领导的脸都快变青了。这件事情的后果是她被叫到校长室被训了好半天。

同样的，也因为自己说非常非常喜欢王慧研，所以她才会尽心尽力地想要去帮他追求王慧研。

太多太多说不完的曾经亲身经历过的温暖无比的场景，如今却成利剑般冰冷刺痛内心的伤人回忆。

时至九月。

临去公司上班前，季盛特意绕道去了趟H市。按照那名女同学给的地址，他终于在时隔五年之后第一次见到了赵欣雨。

他站在菜市场的拐角处远远观望了很久，看着赵欣雨抱着孩子站在店门口招呼着客人，她的丈夫正在那里和客人商讨着水产品的价格。两人的婚姻应该很是幸福美满，当看到自己的丈夫额头上忙出汗珠时，赵欣雨会一边轻笑着，一边温柔地用毛巾替他拭去。而那名身材魁梧、笑容憨厚的男子也会俯身和她关切地说着什么，应该是外面太热让她进去休息之类的话。

季盛就这样远远驻足观望了很久，只是直到最后也没有去打上哪怕一声的招呼。现在知道了她过得很好，得到了属于自己的幸福，这样自己也就可以安心了。

回城的长途大巴上，季盛从口袋里掏出一封深蓝色的情书，那是原本五年前自己在和赵欣雨结伴去学校拿毕业证书时就放在衣服的口袋里准备送出的，可惜因缘错际会，那天发生了意料之外的分别，这封情书便再也没有送出的机会了。

只是脑海里还有着这样一个秘密赵欣雨再也无法知晓了。

那是距离高考还剩一百二十多天的暖春时季，那天晚自修放学后赵欣雨像往常一样留在教室里监督季盛学习。时间已经快到午夜，教室里的人越来越少，到了最后整个偌大的教室就只留下两人。

可能是太过于疲倦的缘故，赵欣雨就手枕着课桌迷迷糊糊地睡着了。尽管时节是暖春，可是弥散在午夜间的空气还是有点儿寒凉的，因为担心她冻着，季盛便脱下了自己的外套轻轻盖在了沉睡中的她身上。

那时候的季盛已经渐渐明白了自己的本心，知道了在这么漫长的青春时光里自己喜欢的只是内心深处幻想出来的王慧研而已，而最应该去珍惜的其实就是一直陪伴在自己身边，给予自己无限温暖的眼前人。

这样看着自己面前安静沉睡的赵欣雨侧脸，她的睫毛在灯光下微微颤动着，像是酝酿着一个精致的易碎梦境。像是被触动了内心深处的某根音弦般，在那一刻，整个世界都霎时间安静了下来。

如同被迷了心窍般，季盛不假思索地就俯身下去轻轻吻了吻她的嘴唇。可能是那个吻太过于轻浅，睡梦中的赵欣雨并没有察觉，依旧安眠在迷局里没有醒来。

季盛则重新坐回了自己的座位拿起了笔，他在心里暗暗打定了主意，一定要在这最后一段时间里好好学习，争取考上一个好的成绩，然后和她报考同一所大学，最后，在高考结束后向她表白自己的心意。

正是凭借着这股信念和心里那个梦想，所以在那最后一百多天里，季盛才会每天晚上一点才休息而凌晨四点就起床背书，这样刻苦而认真的努力学习，把原本只能勉强进二本线的分数提到了一本线还超了十多分。

也同样正是因为这样，所以在当初赵欣雨用那种满不在乎的语气说出自己高考交了白卷，准备不上大学外出打工时，年轻不够成熟的他才会显得那样异常愤怒，甚至说出了"我这辈子都不想再见到你了"这种伤人的话。

只是啊，在这世上爱情和缘分这种事又有谁能解释得清楚呢？

在这世上所有的错过和遗憾，并不是都会有去挽回的机会，就如同这世上所有的爱情故事，并不都会迎来幸福而美满的结局。

有时候错过了，那就真的一辈子都错过了。没有假设，也不存在如果。

季盛把手里的那封多年前就已写好的深蓝色情书一点儿一点儿缓慢撕碎成无数的残片，然后打开车窗，把那些碎纸片都扔散在了风中。轻盈的纸片被急风扬起，美丽一如无数轻飞曼舞的美丽蓝色蝴蝶。

午后的灿烂阳光透过车窗温柔照射过来，照映在这些飞往高处的蓝色蝴蝶身上，落在季盛的眼眸里，是一大片刺眼的明亮。闭上眼睛，潮湿的泪水还是抑制不住地滴落在手背上，炙热的痛感。

当年，在那晚偷偷亲吻了赵欣雨后，一整夜都情绪焦躁到无法安眠的季盛便披上衣服起身，在台灯下写下了这封情书，在情书的最后，他还依照自己当时的心情写下了这样一首名为《蓦然》的短诗：

原以为
爱情就是得到自己想要的一切
因此做茧将自己困顿流连
从而一直忽视身旁你给予的温暖和笑脸

时光悠远　如同流星划过那段无痕青春岁月

等往事渐远　待时过境迁

直到某天转过身时，才蓦然发现

原来青春和你一直都在身边

赵欣雨，我喜欢你，我们在一起吧。

可惜你是女二号

/倪一宁

那时我们都还以为，

爱就是不必澄清，

也不会追问。

岳美艳没有恋情，只有绯闻。

我时常觉得，交大要是印发周报，也能凑足四个版面：召开假期实践活动总结大会算时政版；端鸟窝算社会版；学术版块是哪个教授又发现了抗雾霾新妙方；而那些风云人物的爱恨纠葛都该归到娱乐版去。要是这设想侥幸成真，我一定立刻解散《西南风》，踊跃投身八卦工作第一线——说这话是要有资本的，而我最大的素材，就是我的室友岳美艳。

岳美艳当然不叫岳美艳，但传闻里的她，都被赋予了这个美轮美奂却也无情无义的名字。我们初次相遇是在寝室，我蹬着高跟鞋艰难地上蹿下跳整理床铺，乍一回头，就看到一个裹着墨绿色T恤的女生走进了门。之所以用裹这个字，是因为宽荡荡的T恤，在胸口处是绷紧的，而女生的脸，美轮美奂得近乎无情无义。黑压压的眉毛和睫毛底下，眼睛像风吹过的早稻田，时而露出稻子底下的水的粼粼波纹。嘴唇涂得猩红，黄种人用正红色唇膏，往往会显脏显老，偏在她身上，有一种坦荡的激滟。她递过手来问好，于是我闻到了她身上的香水味，微凉、有棱。后来我看《致青春》时，唯一心有戚戚的部分，就是郑微对阮莞莫名其妙却又忠心耿耿的敌意。像我们这种踟蹰于美的边沿的女生，最需要一个稍稍逊色些的陪衬，最怕遇上的，就是这种大张旗鼓的美人。

深夜的女生宿舍，就是个感情电台播音室，常是一个人抛出含糊的苦恼，另几个不明真相的嘉宾争着给答案。但我们不一样，岳美艳通常要到十点后才会踢踏着人字拖露面，可她一旦回来，整个寝室都成了她的主场。她边把头发挽起来准备洗脸，边带着三分不屑，跟我们描述这一场约会。她的约会对象，都是传闻中凛然不可侵犯的人，却被她七零八碎地，拆解成了一个个带点可笑的人物。她叽叽喳喳地讲话时，我们各自沉默地盯着书页或者电脑，不必抬头，却能默契地互相交换台词："长得好了不起啊，值得那么恃美行凶、挟爱自重吗？"

挡不住男生们觉得值得。

岳美艳不断地掺和进几桩著名的分手案里，甚至有人到bbs上发帖表白，行文肉麻得像是软文，这篇文章堪称交大bbs的起死回生之作，也把岳美艳的名气推上了巅峰。这么说吧，要是交大要筹拍一部微电影，其中那个被泼咖啡的女二号，就该钦定岳美艳。

　　每次跟陌生人聚会，我自报是人文学院的，都在对方的一脸茫然里找不到确切定位。后来我学聪明了，只说和岳美艳一个寝室。在场的男生大多神情为之一振，仿佛能从我身上试探出接近女神的独家密码。

　　但其实我和岳美艳并不相熟。你知道的，把人和人归纳到一起的，从不是空间或者年纪，而是性情和资质。她那边活得风生水起手机时常嗡嗡振动，我如履感情薄冰随时等待男友短信。但想通道理和甘不甘心，却是两回事。单身的岳美艳每次电脑进水、鼠标失灵都能找到援兵；而我就算发烧到三十九度，还是只能收获老衰的一句："多喝热水，早点睡。"怎么说呢，我们的人生遭际，就像我们的包一样，我容量巨大的JanSport里塞满了水杯文学史和复习资料；而岳美艳小巧的Samantha里，却一应俱全了唇膏梳子和喷雾。两相对比下，我那个鼓鼓囊囊的包，怎么看怎么窝囊。

　　能够拉近人和人之间距离的，从来都是遭遇。

　　坏事当然是发生在我身上的。

晚饭我跟老袁在四餐吃，点了两份烧腊饭，又点了两串烤鱿鱼。那饭太油腻，鱿鱼倒是麻酥酥的，挺好吃。老袁一直在埋头吃饭，没动他那一串鱿鱼。我随口说了句"快点吃啊，待会冷掉了就很油"，他突然郑重其事地抬起头来说："你既然喜欢，我就把这串省给你吃。"

我盯着那溅上了褐色油星的细木杆，想不过是一串四块钱的鱿鱼，怎么要动用"省"这种高规格字眼。老袁看我发愣，以为我是感动坏了，更一鼓作气地表白："你喜欢吃的，我都愿意让给你。"

我索性放下了筷子，抽出一张纸巾来，仔细地擦完手后，把纸团攥在了手心。我尽量控制自己的声音，不因为愤怒而显得那么无理取闹："不是，老袁，这就四块钱的东西，多买一串就行了，你搞出一副贫贱夫妻的样子来干什么？"

"干吗多买啊，你这盘饭肯定吃不完了，再买多浪费啊。"

"浪费一点儿怎么了？我又不是跟你结婚过日子，凭什么要时刻计较性价比啊。"

老袁终于意识到了问题的严峻性，他把米饭拨成一堆，用那种特别隐忍的声音问我："你到底怎么了啊？"

我从这个小动作里，回想起了我们纪念日吃团购餐，去莘庄等外婆家叫号的往事，想说点什么，却被无数个"凭什么"哽住了喉咙。

我抓起包转身就走，老袁顾着收拾盘子，没有上来拉住我。

回到寝室，另外两个人都不在，岳美艳倒是罕见地没有约会，半躺在床上看美剧。我心里不痛快，难免拿东西出气，抽屉开开合合，闹出了不小的声响。

"你怎么啦？"床上的岳美艳"啪"地合上了 iPad，直起身来问我。

我没回话，一是因为不熟，再则，凭什么人家跟买菜一样挑挑拣拣，我跟卖菜的一样，计较昨天少收的三块钱。

见我没作声，岳美艳也不追问。她慢吞吞地从床上爬下来，轻声跟我商量："我想出去买榴莲酥，你要吗？"

我愣了一下。

"我昨晚痛经痛到一佛出世、二佛升天，特别想吃榴莲，又不敢买。"

"干吗不买啊？"

岳美艳抿着嘴笑，眼神朝另外两张桌子瞟了眼，我也就不再接话。

"你去吗？"岳美艳在她乱糟糟的桌子上翻找钥匙和钱包。

我想了想，说好。

回来的路上，我咬着热腾腾的榴莲酥，口齿不清地跟她控诉那顿不愉快的晚饭。当然，我一边不遗余力地抱怨老袁，一边也不忘替他添上一点儿好处。我说老袁喜欢团购的时候，也很警惕地加了句"当然了有些餐厅是蛮贵的"，嘴上絮絮叨叨地讲老袁的坏话，心里却拼命替他搜罗平日的那些好。讲着讲着，我的脸色就绷不住了，嘴角轻轻往上扬。

我替老袁兜面子的时候，一直小心翼翼地观察岳美艳的反应。

看她一脸的兴致勃勃，我又忍不住揣着恶意想，她现在听我讲这些，就跟过年听七舅姥爷的家事一样，有站在高处俯瞰俗人俗事的快感。

果然，岳美艳感叹了句："我好羡慕你们呀，打打闹闹的，多好。"

我把最后一口榴莲酥咽下，没答话。

"虽然你天天嫌弃老袁吧，可是叶蓁蓁，你真是被他吃定了。"

我下意识就想反驳，却被她温柔地揽住了肩："我就特别想知道，被人吃定是什么滋味。我跟那么多人约过会，却没认认真真谈过一场完整的初恋。偶尔回头看，全是些鸡零狗碎，所以我挺想知道，整存整取的感情，到底是什么样的。"

她的嘴角沾了点榴莲酥的碎屑，因为生理期的缘故，鼻子一侧还冒出了两颗痘痘。这样子的岳美艳，不像是娱乐版的常客，却像个熬夜赶作业的老实学生，再矫情的话，都被她说出了百分百的诚恳。

多可笑啊，爱情是一条河，无数人想要摸着稳固的石头，小心翼翼地走到对岸。岳美艳站在高高的河堤上，却羡慕起那些壮烈地扑通扑通往里跳，灌了一肚子泥沙的蠢货。更可笑的是，在河中央被一团水草缠住脚的我，明明该仇视她，却对视出了一点儿心有戚戚焉。

跟岳美艳成为朋友，是我俩大学生活中的里程碑事件。对我而言，多了一个感情上高瞻远瞩的军师；对她而言，是在敌意重重的女性世界多了一个盟友。

岳美艳教会了我朋友圈分组，教会我每晚发自拍加一句老袁一个人可见的情话；岳美艳教会我点水果拼盘外卖，然后歪歪扭扭地挤上沙拉酱给老袁送去，算是亲手制作的爱心夜宵；岳美艳还教会了我吵架时的必杀技，在吵得难舍难分的时候，冷不丁地发一句："你就该找个不爱你的女生啊，保准懂事又大气。"

我谨遵指示的同时，也多少有些不甘心，脸有差距也就算了，我们俩的情商之间都隔着一百个林志玲。

那时候我不知道，感情上的聪明，最终都会招致报应。

那是期末吧，老袁刚和同学做完一个课题，打算去校外唱K打台球，彻夜狂欢。他跟我报备完毕后，又吞吞吐吐地说，这两天手头有点儿紧，能不能先借他二百。

我背《长歌行》背得心烦意乱，被这么一问，脑子里又迅速弹跳出每次吃创意菜都是我抢着埋单的窝囊场景。但我毕竟成长了，我学会了发火前，先征求下岳美艳的意见。

岳美艳的面前也摊满了复习资料，她翻得很慢，有时嘴里默念着什么，有时就盯着那串佶屈聱牙的名字发呆。

她听完我的控诉，把书干脆地往桌上一甩，从柜子上拿下一张面膜来递给我："借啊，让他待会儿就过来拿。你敷个面膜换个衣服，好好地给他送下去。"想了想，她又接着补充，"不对，你别借他二百，要借就借四百。他既然开口了，你再借他二百就不再是情分，只是本分。再说了，这数目不大不小，你将来不好意思向他要，索性多借点，他肯定既记得你的大方，又记得要还。"

我彻底被折服了，老老实实地给老袁发过去短信："你过来拿吧，我这还有四百，全给你。男生在外面，总要宽裕点才好。"

手机很快振动了，老袁简明扼要地表达了他的感激："老婆你真好，我会永远记住这一天的。"

我回了个笑脸过去，面无表情地从钱夹里抽出四百打算下楼。其实我越来越懒得和老袁联系了，常常是微信页面聊得火热，手指尖却是冰凉的。从前我淡淡地说"没事"，却躲在屏幕后哭得稀里哗啦，现在宜嗔宜喜表情纷纭得像川剧，心底却激不起一点儿波澜。

但我也不想细究这些，老袁人不坏，对我不差，就先这么着吧。

送完钱上楼，我突然觉得很困，刚爬了两级扶梯，就被岳美艳拉住了裤脚。从我这个角度望下去，她眼眶底下有黑眼圈，是长长的睫毛也遮不住的憔悴。

她说："叶蓁蓁，我跟邱放在一起了。"

我当然听说过邱放。比我们高两级，摄影协会的。虽然技术就业内人士的评点说是一般，但相机和镜头水准倒是高标杆。明明是单眼皮，眉眼却意外地深邃，睫毛很长，当他似笑非笑地盯着你时，你会想凑近去看，他眼底明明灭灭的，究竟是什么。

这个八卦对我的期末考试影响深远。每当我被晚明那帮复社文人折磨得昏昏欲睡时，我就缠住岳美艳套点细节，立马就精神抖擞。

说得这么抖擞，其实也没套出什么关键来。岳美艳的叙述，和她没有抹口红的嘴唇一样苍白："条件还可以吧，爸爸是市政府的，妈妈做房地产，他也不打算出国，感觉挺可靠的。"

"不是，"我趴在椅背上，使劲晃了晃脑袋，"岳美艳，你这是初恋，不是相亲，你到底喜欢他什么呀？"

"不知道。"岳美艳把书一合，开始默声背诵，看我一脸的愤怒，又反问我，"那你喜欢老袁什么呢？

我能喜欢老袁什么呀，追岳美艳的男生够熬成一个部队火锅，而我呢，把那些委婉曲折地表露的好感都算上，也只够我自我陶醉半小时。我揉了揉头发，索性跳过这个问题："哎，你们平时怎么相处啊？能不能下次把我捎上。我跟老袁吃了一礼拜土耳其烤肉饭了，您下次吃西餐的时候，能顺便搭救下挣扎在中亚的我吗？"

岳美艳很少正面回答我，问得烦了，就说"下次你过来观摩"。她弯起嘴角噙着笑意看我，还轻柔地摩挲着我的脖子，我顿时化身老佛爷腕下的萨摩耶，乖顺地说："您忙，我先告退。"

但我仍然从她的镇定里，看出了名为爱情的破绽。那是在现代文学史的复习课上吧，顺着左翼右翼的脉络往下梳理，谈到张爱玲的时候，感性的女老师开始感慨她不在考试范围内的情史。

我心下烦躁，在整一段"孤岛文学"下面的画了重重的黑线，转头看向四周，都是忍耐着不耐烦的脸，再往后转，就看到了脊背笔直、右手捏着水笔的岳美艳。她倒是直勾勾地盯着幻灯片，可隔几秒钟，就会按亮手机Home键。她的左手始终覆盖在手机上，眼光不时地往左边瞟一眼，又迅速挪开，就像一个帮老师登分的学生，急着想找到自己的成绩，又怕那分数让自己难堪。

有时真的来了短信，她就换右手捏住手机，她打字速度很快，但中间会停顿好几次。我大着胆子，继续凑近些，发现岳美艳是先把回复打在备忘录上的，打完后要过好一会儿，她才复制到对话框里，然后郑重其事地按下"发送"键。

我知道那是为什么。

微信最糟糕的设计，就是那个"对方正在输入"，你所有的修改、反复、停顿、纠结，都通过这一句话，全盘呈现在对方面前。而一旦复制、粘贴备忘录的话，对方就只能看到最终敲定的版本，猜不到中间咬住的唇和涨红的脸。

女老师仍然在慨叹，说好好的一个才女，就那么被胡兰成磨损了心气，耗完了才华。我低下头，很想反驳她说不是的。

不是的，那句"从尘土里开出花来"的背后，未必真的是深爱；那貌似卑微的表白，正体现出张爱玲的剽悍和飞扬。真正自感卑微的人，是不会这么说的——因为太看重对方，不敢逾矩一点点，生怕对方觉得自己"贱"。敢于这样恣肆地传情达意的人，心里早已经吃定了对方。真正的低眉，大概就是岳美艳此刻的模样，捏着手机却不敢盯着看，心底千言万语，却不敢多回一句。

于是她对和邱放相处细节的讳莫如深，也就变得合情合理了。岳美艳往日好作惊人语，喜欢拿捏身段唱花腔女高音，唯独这一次，她像个小女孩儿一样清冽刚强，因此那一言不发的姿态，也就格外令人心疼。

喜欢和爱是不同的。喜欢，就会想夸耀自己，哪怕因此

显得有点儿可笑；爱，就会想保护对方，哪怕因此显得有点
儿可悲。

我很得意于这个发现，中文系就这点不好，总把人生当
阅读理解来做，稍微有点儿感触，就急哄哄地想转化成金句发
微博涨粉。但这一次，我愿意保持沉默，那是一个骄傲得近乎
流畅的女孩子，最后能保有的清澈的尊严，也是我作为一个朋
友，能送给这个第一次握住盾牌的情场老手的唯一祝福。

就让她头头是道地分析选邱放做男友的利弊条件吧，她愿
意扯，我就愿意听。

但明显不是谁都这么想的。哪怕周报暂时还没有发刊，八
卦流窜的速度，仍然胜过流感，对着这一对联手踩在了众人肩
上的男女，大家挑不出错处，却也说不出好话。那些和岳美艳
吃过饭的男生，突然找到了久攻不下的合理解释，他们在被问
起时隐晦地勾起嘴角，自嘲说"老子没人家的厉害，脑子再厉
害有什么用"。女生则忙于观察岳美艳的衣着打扮，猜测哪一
个单品是她发嗲发出来的。

我下楼打水时，前面的两个女生边等水壶满，边热烈讨论
岳美艳是怎么搞定邱放的，我没去掺和这一出荒唐的对话。我

知道岳美艳的风格，她宁愿做人人喊打的女二号，也不想被当众剖白那点真；她不介意被指认为心思深沉为前途辛苦筹划为豪门辗转奔波，但她介意被当成为爱痴狂的典型。换而言之，人家忌讳谈钱，岳美艳最怕谈爱。

我不动声色地看她俩不断地往促狭处想，然后幸灾乐祸地，看她们的手背，溅上了溢出来的滚水。

但我没法儿在老袁面前做到不动声色。以往我讲岳美艳的系列故事时，他只是撇撇嘴，这一回，他主动跟我摊牌，说以后别再跟着岳美艳混了。

我知道他在担忧什么，却只能避重就轻地说："干吗呀，她对我挺好的。"

"她当然要对你好，你们班同学都看不惯她，再没你这个傻乎乎的小跟班，她就彻底被孤立了。"

"什么跟班呀，她对我是真心的。"

"叶蓁蓁，你怎么那么单纯呢？她能对你有什么真心呀？你看她选男朋友的标准，再看她平时的为人，说明她是很势利的。

你再跟着她瞎折腾，你马上也会被人指指点点。"

没有岳美艳在一旁谆谆教诲，我的口气就冲了些："她怎么就势利了呀？她那么好看，不找高富帅，难道还找你啊？"

"对，"老袁的脸色沉了下来，口气也沉郁顿挫起来，"我一直想跟你谈谈。叶蓁蓁，我觉得自从你们俩做朋友以来，你就变了。你以前从不会跟我计较钱啊什么的，但现在的你，却开始嫌三餐难吃，嫌门口的小龙虾不干净。蓁蓁，我不想把你往坏里想，我愿意相信，你就是一时糊涂，被岳美艳煽动的，但我真希望，你以后别再因为吃饭这些小事，跟我闹别扭了。"

老袁说话的时候，我一直在努力回想，要是岳美艳此刻坐在这里，她会怎么回应呢？我尝试着挺直脊背，也尽量忽略酸透了的鼻子，我想学着岳美艳的样子，有力地巧妙地回击他。但我又突然想到，现在的岳美艳，能帮我什么呢？她昨天才熬夜替邱放写完了选修课报告，还骗我说就是用她从前的论文改的。她就像一个久负盛名的将军，明明且战且退丢盔弃甲，却还要梗着脖子，在朝堂上把它描绘成一场运筹帷幄的屠城。

我深呼吸了口气，认真看向老袁："你说别为这些小事吵架了，可是，我们俩能碰上什么大事啊？"

老袁发呆的那点儿工夫，已经够我收拾东西走人了。我没回头看，或许他想追上来，或许不。

唉，想想老袁也蛮惨的，交大有很多对为了岳美艳争吵的情侣，但理由这么奇崛的，估计就我们俩。有时我甚至想把老袁和岳美艳约出来吃顿饭，说不定就能摒除偏见了。但仔细一思索，我还是放弃了这个奇崛的想法，老袁没过什么真正的美人关，我怕这融冰之旅，会烧成暖春之约。

岳美艳就这么谈了一年。这一年里，我和老袁吵了大大小小不计其数的架。等再一次期末的时候，我已经能左手握着电话质问他为什么一打Dota就不理我，右手对着PPT勾画重点了。微信表情越出越多，可彼此见面时的表情，却越来越僵硬。可到了真正要分手的关头，我又平白地，生出一些不舍来。就这个问题，我咨询过岳美艳，她答得很科学："分手这种事情，是要计算沉没成本的呀！你投注的时间、金钱、精力、热情，就这么打了水漂，你当然会舍不得。"

我顺势问她："那你呢？你干吗不跟邱放分手？"

邱放和岳美艳的恋爱，一直都被家里人严令禁止，怕儿子拿家里的钱养女朋友，邱放他妈索性一个月就丢给他一千。哪怕在"闵大荒"，一千块钱仍然只够吃食堂。邱放又嫌食堂油多盐多，三天两头溜出去，到了月中就开始问寝室兄弟借，但过后又还不上。岳美艳替他还了几次钱后，索性跟他明讲，以后两人出去吃饭，通通由她来埋单。

我跟岳美艳郑重地谈过这个事。我说："衡量爱的标准就两个，一是时间二是钱，邱放忙着考研不能陪你，难道为了你跟家里讨点钱也不行？"她抿着嘴笑，挥挥手："你懂什么呀？要是跟他家里开口要了钱，我不真成了他们嘴里的势利女人？再说了，我这是放长线钓大鱼，现在一顿羊蝎子就能哄得邱放死心塌地，这生意怎么不赚了？"

有很多反驳涌到嘴边，最终却悄无声息地咽下去。她分析得那么头头是道，我愿意假装被她说服，只要她能过了自己那关，我就愿意陪她一道装糊涂。

跟老袁的分手来得猝不及防，那天我和岳美艳考完外国文学史，决定去华联买鸡蛋灌饼庆贺——对长年只吃玉米、排骨、水煮蚕豆的岳美艳来说，这已经是一种放肆了。我们坐在摊位前，有一搭没一搭地聊天，她说邱放有点儿哮喘，说他病都病得那么书香门第。我挥挥手，说什么书香门第啊，老袁也哮喘，他每次发病，我都很想质问苍天，这不好那不好也就算了，居然连身体都不好。

我们笑得最开怀的时候，老袁发了微信来，问我在哪儿，我怕报了岳美艳的名字，又要横生枝节，就顺口说在寝室复习。他没回复，然后一道人影就横亘在了我的面前。

那晚我们算破了戒，不止吃了鸡蛋灌饼，还吃了安庆包子，吃了冰火烧烤，吃了糖炒栗子，桌子上摊满了油炸食物。我勾着岳美艳的肩膀，笑嘻嘻地说："你快记上，又一对为了你分手了。"

她眼睛亮晶晶的，可是好朋友之间，是没法儿说出"抱歉"和"拖累"这样的字眼的。她的嘴唇张了又合，最终只吐出一句："按剧情走向，你不是该泼我咖啡吗？走，买咖啡去。"

"买个屁咖啡啊！"我把面前的康师傅绿茶盖子拧开，举着瓶子高喊，"以后要多喝绿茶，争做绿茶婊！"

算是为了缓解我分手的负面情绪吧，岳美艳和邱放约好，那个周末带我一起出去玩，看看根雕展，去草坪上打牌。

我跟岳美艳坐在后排。这天是有点儿阴沉的，阳光稀稀拉拉得像中年人的头顶。车开过跨海大桥，长江口风浪起伏，车载GPS出现了异景。

　　大概是上次更新的时候，这座桥还没建好，地图上显示这一片区域仍然是海。代表车子方位的红色小箭头无依无靠地在漂在海上，我们仨就像在海面浮游。

　　岳美艳说前一晚睡得迟了，有些晕车，索性躺倒在了我的腿上。我把手搭在她温热的胳膊上，头靠着轻轻颠簸的车窗发呆。狭小的空间总给人以地老天荒的错觉，我偷觑着邱放长长的睫毛和英挺的鼻梁，想这一对以后的小朋友该多漂亮啊。

　　邱放的手机突然进了电话，因为设置了蓝牙连接，来电在车里直接开了公放，是邱放他妈。

　　"你在哪里啊？好不容易到了周末，怎么又抓不到人了？"

　　"我带几个朋友去看根雕展，要是有好的，就买一个摆回家。"

　　"哎哟，你总算也知道做点正事。你傅叔家前两天去宁波玩了，今天一大早买了海鲜给我们带回来。五点多去集市买的，不要太新鲜哦。你早说嘛就可以带小傅一起去，反正总要熟悉的呀。"

"不方便。我在开车，有话回家再说。"

那端停滞了一下，然后尖声发问："你和那个女朋友，不会还没分吧？"

我下意识地，低头看岳美艳的脸，她一定是听见了，却心虚似的把眼睛闭得更紧。我猜此刻，邱放也在从后视镜里偷瞄她的反应。

隔了两秒，邱放回话了："你让我怎么说啊，跟她说'我妈嫌你家就是普通家庭，帮我找了更好的结婚对象，所以我们要分手'，这像人话吗？"

"你就不能给她摆事实讲道理，让她知难而退吗？"那一头的声音听起来急躁又不安，"不用你亲口说，她自己也该知道，她和小傅差的不是一两个档次。人是不能差一点点的，站高半步台阶，见识到的东西就完全不一样。就她那个专业，奋斗二十年，才能在我们小区买一个厨房。她父母做生意的，老了以后一点儿保障都没有，你娶她等于娶她全家。邱放啊，你是想要多一条路还是多一堵墙，就全看你自己了。"

"哎呀，行了，行了。你又不是演《小时代》，烦不烦啊！道理我都懂，可是分手不是切菜，哪能那么干脆。我总得跟她慢慢沟通。"

"你处理好我就不来烦你。晚上记得回来吃饭，傅叔他们都在。"

知道了。"

听不出什么感情倾向，电话就这么挂断了。

我把手轻轻覆到岳美艳的眼睑上，也跟着闭上了眼睛。车子仍然开得平稳，身体底下像是垫着起伏的棉花糖，找不到支撑的着力点，只能任由它陷下去，陷下去。我突然清晰地闻到了岳美艳身上的香水味，幽微、有棱。

那个展览我们三个人都看得漫不经心。邱放一直在埋头发短信，我本来就对这种艺术品欣赏无能，只有岳美艳，不时指给我看，说哪一座曾经拿过国际大奖。好不容易逛到出口处，我说还有一堆事情没干完，不如先回去吧。回程仍然沉默，可是那种暖融融的气氛消失殆尽，开了大半个小时，邱放提起手腕看了看表，把车停在了收费站前。他偏过脸来，眼神闪闪烁烁，却只敢逡巡在我脸上："那个什么，我们家晚上有个重要的客人，我得先回去了。这边也挺方便打车的，要不你们自己回学校吧。"

岳美艳不发一言，迅速地拎着包，拽着我下了车。我们在后备厢里翻找多余的零食时，邱放低头盯着自己的脚尖，最终犹犹豫豫地吐出一句："对不起。"

"没事。"岳美艳干脆利落地盖上后盖，把一袋没拆过的薯条塞到我怀里，"我知道，你妈逼的。"

邱放迅速地皱了眉，但又吃不准这话算陈述事实还是骂人，就只能假装没听到，替岳美艳掸了掸肩上不存在的尘土："你这几天辛苦了，回去好好休息。"

岳美艳慢吞吞地扣好了外套纽扣，抬头好整以暇地笑："你也辛苦，回家好好陪客。"

其实他们对峙的时候，我已经在数钱包里还剩多少现金。我想请岳美艳吃顿好的，我没她那么会讲道理，可我相信，很多难过，是可以被消化掉的。我问岳美艳，接下来是想去喝清酒还是喝红酒，她简洁地翻了个白眼："明天第一节课是当代文学史，睡过头去谁都没法儿救你。"

　　我们后来挑了个本帮菜餐厅。我想着反正是我请客，就一口气点了好多肉。岳美艳只点了碗蜂蜜桂花银耳汤和一小碟香菇菜心。放平时，我肯定会嘲笑她装。可在这样的时刻，这样的节制只让我觉得哀伤。

　　我给她的杯子斟满水，洁白的杯沿上于是留下一抹胭色的唇印。岳美艳小幅度地转着茶杯，拨到一侧的头发垂下来，小声地叹了口气。她说："别的就算了，他肯定押准了我没睡着，那通电话就是打给我听的。他连恶人都不愿做，难听的话都要让他妈来说。"

　　她用手把额头上的几缕头发往后梳，继续说下去："不就是个主任吗，摆出这么个阵势，我差点儿以为是要嫁到香港山上去。分就分呗，反正一开始也就觉得邱放老实，没想到老实跟懦弱有时是近义词。"

　　她捏着茶杯，轻轻地跟我碰了一下："就当浪费了一年，重头来过。祝我下次好运。"

　　看我僵着不动，她索性笑得更放肆："哎呀，有什么关系？

我当初找邱放，就是看中他综合得分高。虽然家里也就中等偏上吧，可是毕竟工作体面。虽然他蠢了点吧，毕竟不会耍心眼儿。相处这一年多，我也跟别人吃过饭、逛过街、看过电影，都存着骑驴找马的心，就不要摆出如丧考妣的脸。"

我看着她絮絮叨叨地卖弄成语，很想拿红烧肉堵住她的嘴，然后揽过她纤细的肩膀，抱一抱她。

岳美艳仍然在历数这段感情中她的累累劣迹，她就像一个莫名其妙被判了死刑的犯人，其实想不明白是为了什么，也没人能给她一个交代，于是只能不断反思回顾这小半生，说偷过邻家的葱，蹭过别人的WiFi，晾衣服时曾和对面的西门庆有过眉来眼去……她拼命想说服自己，这个结果不算冤枉。这种喋喋不休的说服，时隔一年，仍然能让打字的我酸透鼻子。

岳美艳和邱放理所当然地分了手，围观群众比当事人更激动。不管是多么正式的活动，一旦我自报是人文学院的，就会有人模狗样的男生，小声凑到我身边问："哎，那女的现在有下家吗？"

分手的理由被演绎得五花八门，而岳美艳的缄默，让"心机女豪门梦碎，钻石男终归正途"的说法，显得那么有迹可循。

我在大学里碰见的，大多是分手时忙着写一百件感人小事的情侣。有多少难填的愤恨啊，我当时为了她减肥二十斤，我为了他拒绝了更好的人；我曾穿越半个城市为她买榴莲酥，我也陪他在通宵教室画过图，那一腿的蚊子包，还留了一点儿疤痕。都没什么好苛责的，那些因为那谁而激起的不计后果的冲动，就像和尚偷来的肉，都是一次性的。你知道那冲动再不会搅乱胸口，就像和尚知道再没法尝到世俗滋味，所以非要把劲道十足的回忆嚼成烂透了的肉，才肯和着酒一口吞下。

就像岳美艳反复播放的那部《泰坦尼克号》，人人都有趋利避害的天性，人人都想乘上那救生的小艇，但爱情，大概就是Rose固执地爬回到那不容置疑地快速沉没的巨船。爱本来就是非理性、反人性的存在啊，那些精明的世故的审时度势的念头，是你泅渡苦海时唯一的倚靠和出路。只是因着胸口的那个勇字和那股横冲直撞的爱意，你才拒绝了外界的搭救，决意和对方一道面对凄惶而不可知的命运，决心把冰冷刺骨的海水，旖旎成一场天长地久的鸳鸯浴。但后来你被欺骗、被无视、被放弃，也一点点丧失了和自然规律对抗的勇气。你独自浸泡在寒冷的海里，凝视远去的小船，那一根根桅杆，冷笑着看你大力拍打水面，呼唤早已登船而去的爱人。

所以我特别理解，分手时抢着当好人的男女，说到底他们都是被残留在了茫茫大洋上的人。

可是岳美艳不一样。她大包大揽了整整一段感情的过失，她捏着洁白的杯子跟我说："我找邱放吧，本来目的也不单纯。"

那一瞬间，我特别想把滚烫的热茶倒在她单薄的肩膀上，到底是多怕被人窥破那点顽固的真心，才愿意把什么卑鄙的名头都往头上套；又到底是多爱惜那点渺小的自尊，才能用讲股票的口吻来谈论一段干净的感情。

大学和煲汤一样，前两年锅内都没什么动静，后两年随时都会咕噜咕噜冒泡。邱放考研没考上，被父母送出了国。老袁工作了，据说有一大群热心的中年妇女替他甄选优质对象。我选择了去台湾交换一年，留岳美艳一个人在交大。每次看她在朋友圈里发照片，一群男人争先恐后地点赞。我还是会忍不住笑，想起大一的时候，岳美艳踢踏着人字拖，给我们模仿某个理工男指点江山的嘴脸。

那时我们都还很年轻，没有好好心动过，也没被伤害过。

那时岳美艳，还用那种贱兮兮的口吻说："我好想知道，被人吃定是什么滋味。"

那时她还是绯闻里的女二号。

那时我们都还以为，爱就是不必澄清，也不会追问。

为爱走出的每一步

刘墨闻 /

是啊，

连爱情这么美好的东西都会在日常生活中消磨殆尽，

何况那些雪中送炭的度假式温暖。

我当然不敢打扰你的生活，

也明白不能爱得太用力了，

太用力了，

你就怕了……

——

　　沈璐在失恋的半年里一直努力工作转移着情绪，连上厕所的时间都要挤出来，项目业绩飙升，赚得盆满钵满。就在她打算干完这一票就收手，出去散散心的时候，她意外地从楼梯上滚了下来。

　　万幸的是骨头没有受伤，只是有几处摔伤。不幸的是颈部划破了个小口子，脸上还有瘀痕。医生处理过伤口后，她被同事七手八脚地抬回家，那阵仗就像乔迁新居一样张扬。所有人张牙舞爪互相指挥，他说他抬人的姿势不对，他叫他们不要弄疼病患。所有人虚张声势的模样化作一场表演，彰显着自己的善良与博爱。

　　沈璐是感谢这些同事的，虽然她明知自己完全没有那么严重，只是压死骆驼的最后一根稻草被拾去以后，自己还不想很快做出反应，能多赖一会儿，就多赖一会儿，在哪里跌倒的，就在哪里多躺一会儿。而僵硬的自己，让她觉得又好笑，又可悲。

给到了安慰与寒暄，看过了热闹故事，观众们陆续离场，只剩下几尺空房和无法摆脱的沉重寂寞。听浴室的水滴声很久，沈璐自己发呆很久。她举起手机四十五度角拍下自己现在的状态，附上一句：扮相还不错吧。她犹豫了一下要不要发在朋友圈里，最后还是点了发送。

对投入大海的心事瓶，她表面上不在意、无所谓，心里还是一千遍地问，会有多少人看见，会有多少人回复。

有不明何事的朋友点赞，有留言的嘘寒问暖，有的人直接打电话、发微信过来，有的人想要来探望，被沈璐拦下。

虽然发出的消息明显是求安慰的，但是自己目前这种状态真是接受不了太真实的嘘寒问暖，因为会绷不住会难受、会流泪，太不符合自己最近女王大人的设定了。

林君安不问缘由风风火火地杀过来，一开门就被沈璐的造型镇住了：纱布蒙得尤其艺术，脸上瘀青的对称像是有意而为。他憋不住笑出声来，这也让觉得难过的沈璐一时间拿捏不好情绪，于是开口就骂："你还笑，疼死老娘了。"

林君安像是领导莅临检查，忍不住对沈璐的家品头论足一番："日子过成这样，你可真不像个女人啊。"

沈璐呵呵一笑说："那你原来喜欢我，是奔着搞基去的吗？"

林君安语塞，频繁转移着目光掩饰自己的词穷。随后，他慌张之下脱口而出的邀请让沈璐吓了一跳。

"这段时间也没人照顾你，我除了赶画稿也没别的事，你就去我家住吧。我睡沙发，也算有个照应。"

沈璐吓得瞪大了眼睛，她简直不敢相信这是含蓄谨慎的林君安发出的邀请。她不断侧目回避着他诚恳的眼神，想拒绝又张不开嘴，只好摆摆手说："那我看看你的手艺吧。"

沈璐第一次到林君安的家里来，她仔细打量着每个细节，四方安静的一室一厅，阳光充足，置物有序，颜色单调温润，像是无印良品的样板间，和她心目中那些赶稿插画师的生存环境大相径庭。

她坐在桌子前，看见透写台上还有没画完的线稿，画中的女孩儿眼神透亮，清澈迷人。

林君安说："我平时也吃得比较清淡，馒头面包，清茶淡水也可下咽。家里什么都没有，我去超市买一点儿。"沈璐说：
"我陪你去吧。"君安想劝又住了口，他好像明白了她不再想
独处这个道理。于是，他扶着沈璐在超市里熟练地挑选，他比
原来更小心翼翼，两个人一步、两步，不紧不慢地走。沈璐突
然觉得现在的他们颇有相濡以沫的感觉，只是在失恋以前，她
从未想过要把林君安从朋友的分组里，拽进待考虑分组。

他腾出一个大的储物间，按她的习惯一样样摆进去，卫生
巾放在最外围，叠成一个方块。沈璐问，需要买这么齐全吗？
君安答，有备无患。

夜晚，沈璐躺在床上，卧室开着门，她看着林君安躺在沙
发上一边看着书，一边抠鼻屎，忽然觉得特别有安全感。作为
睡眠质量很差的人，她听见身边有任何声响，都会警觉地竖起
耳朵，所以晚上很容易清醒，白天很容易困顿。如果旁边能有
个把风的人，说来也不错。那一晚，是她很长时间以来，睡得
最好的一晚。

随后的日子里，他们相依在沙发上用投影仪放电影；他们
一起配茶叶，调试味道；他们打扫房间的角落，像一对默契的夫
妇。他看她烹饪，她看他作画。每一天都很漫长，每一天都很安
静。晒太阳听雨声，赶着朝阳踩落霞。她的瘀青慢慢消肿，他的

胡茬儿越来越坚硬。他们像情侣一样坐在镜头前拍照，没有美图软件，没有华丽的外景，只有相机的定时与"咔嚓"声。宝丽来和面包机一样，吐出一张张欢快的享受。两个人席地而坐，精挑细选着彼此的丑相。到了夜晚，他们不关心娱乐、政治，或者皱纹，只是守着彼此的所有情绪，等着全世界沉睡。

所有的难过情绪都渐渐消融在相处的日子里。沈璐不止一次地问自己，当初为什么那么拼命地转移注意力，差点儿以为自己会挺不过去。原来失恋就是一场病，免疫力低的人好得慢一点儿，身体好或者心大的人恢复得快一点儿。过去的终将过去，我们也会和另外一个人看电影、吃面包，在对失去的释怀中，渐渐放过自己。

有一天醒来，林君安发现沈璐一直盯着他的脸，目光像是已经看进去了，想拔又拔不出来。

"看什么呢？"林君安问。

"看胡子里能不能养蚂蚱。"沈璐答。

林君安问："有胡子不好吗？"

沈璐回："好啊，可感觉还是缺点什么。"

林君安没再问，他想等沈璐再开口。

沈璐说："缺少些特别的味道吧。"

林君安伸手去摸沈璐凌乱的头发，碎念道："年轻是要特别，但生活会趋于平稳，总有人是你的落点。"

沈璐问："你是那个人吗？"

林君安忧心忡忡地说："……我不一定。"

沈璐追问："为什么？"

林君安沉默了很长时间才说："未来路太长，谁也说不准。"

沈璐将头埋在林君安的怀里，奋力地呼吸。这不是她想要听的话，或许，这也不是林君安想说的话。只是生活不是偶像剧，我们不能像电视里演的那样，一觉醒来发型还完好，妆容浓淡适宜，都不能在恰到好处的时候，奉上一句：永远在一起。

因为捉摸不定，情绪冲动，我们才要各自冷静，赋予诺言该有的犹豫。

沈璐忽然觉得或许林君安早就不喜欢她了吧，那些过分的关心与照顾，只是对她境遇的怜悯。

那一晚，林君安烧好热水，将沈璐棕黄参半的三千青丝小心翼翼地放进水里，慢慢揉搓。那种想要清洗得当，却又怕弄疼主人的温柔试探，一次次俘获着沈璐的心。

她在快要睡着时，梦呓了一句："林君安，我们结婚吧。"

这一次，沈璐没有尝试去引诱林君安说什么，而是比原来更直白地发出邀请。在两个人一直踌躇的中间距离里，林君安率先向她走出了第一步，在没有得到任何回应以后，他还悄悄地躲在沈璐的周围伺机而动。然而就在沈璐想要缴械的时候，林君安却望而却步。

于是，沈璐勇敢地向他迈出了她的第一步："林君安，结婚吧。"沈璐又重复了一次。

林君安轻轻地将藏匿于沈璐发丝里的温水挤出，安静地说：

"睡吧，明天早上看看你还是不是这么想。"

沈璐一时百感交集，索性睡去，等林君安帮她将头发吹干，抱她入榻，关灯，说晚安。

第二天，林君安醒来后，发现沈璐已经自己收拾东西走了。房间内安静整洁，他的东西都被一丝不乱地放回了原处，好像她从来没有来过一样。林君安知道，这是她被"拒绝"以后，试图保存自尊的一种方式，安安静静地带走每一个细节，在你的生活里溜走，不再留下任何痕迹。

林君安觉得房间似乎从未这样空旷过，每一口呼吸，都像是一声叹息；每一次视线的转移，都像是要逃避。

沈璐又回到了自己的生活里，每天神采奕奕。漂亮的盘头，严谨的正装，精致的她又开始过得有"效率"起来。

过了些日子，她就收到了林君安邮寄过来的一大包茶叶和一个木杯。每天习惯性地喝上一小杯，品着茶，想着这个人，有时想笑，有时晦涩，有时出神地怀念"疗养"时两人的一些细节。

有一天，沈璐心血来潮，就又去了林君安家楼下。她发现曾经最熟悉的阳台上，站着一个正在晾内衣的妖艳女人，她忽然有一股莫名的愤怒，放松的双手慢慢攥紧。这不知所措的情绪操纵着她必须上楼去，亲自听听林君安怎么说，看一看他尴尬的嘴脸。

当然，沈璐也明白这些都不关她的事，他们之间本来就没有关系。可是这样的女人一出现，就激起了她的求知欲。她一边上楼一边暗暗咒骂，林君安你的品位怎么可以这么差，你的心变得也真够快。

快到门口时，她又开始盘算要编一个怎样的理由开口，哦，对，就说有东西忘在这里了。那为什么不打电话？哦，对，手机刷新了，号码全都不见了。不到一分钟，她就为自己东拼西凑了个一戳即破的理由。但是她等不了那么久了，像是要捉奸的贵妇，她整理整理情绪和表情，略带矜持地敲下愤怒的一击。

没有反应，再愤怒一击。

门开了，一个憨厚的米其林大叔赤裸着上身问，你找谁啊？

沈璐显然有些措手不及，故作淡定地问："请问，林君安在吗？"

大叔懒洋洋地说他搬走了，不住这儿了。

趾高气扬的沈璐心一下子跌进了谷底，她徒步回家，像被人放了气一样，蔫儿在了床上。

大叔沉闷而有力的回答持续在耳边环绕。他不在这儿了，你是谁啊？

发微信问问他在哪儿？不行，不能表现出对他有所关心。高冷女神宁可憋红了脸，也不愿意按下"你在哪儿"右边的发送键。沈璐开始在网上到处搜集林君安的信息，贪婪地不放过一丝痕迹。终于，她发现了他的lofter主页（乐乎网站）。从此以后，每天翻看林君安的插画、照片，俨然成了沈璐的新习惯。他的新鲜事成了她的热门话题，时时刻刻关注，分分钟刷新，很怕错过一个捕捉林君安踪迹的机会。

一天，林君安发了一条更新，照片上的他表情呆滞，望着湖中央，傻气中透出一点儿蠢萌蠢萌的可爱，微博定位是云南大理。沈璐看着照片里游玩自在的林君安，百感交集。

内心温柔时，她想，林君安你为什么要搬家？你现在在做什么？你是不是去给别的女人洗头了？

情绪狂躁时，她想，林君安你没事瞎搬什么家？插画师不好好画画，到处溜达什么？是不是去大理找艳遇去了？

日子越来越平淡，沈璐懒得思考懒得吃饭，每日面包清粥，口味寡淡。她发现自己和林君安的口味越来越像，好像回到了以前那种失恋的状态，爱情死掉以后，他依然在你心里进行着统治。你孤单地维持着在一起时的少许习惯，每日粉墨扮演着无碍的常人，为回忆献上可笑的秩序。

沈璐忽然明白，自己从林君安家离开时，不仅带走了自己的痕迹，也借着机会让林君安钻进了自己的世界。他像文身一样深深地刻入了她的生活以后，就逃之夭夭，而且一点儿信息也不留下。如果旅行搬家都不算过分的话，那为什么连一个电话都不会打呢？

分开后的两个人共同拥有的那些甜蜜细节，要么再一次将两人拉拢到一起，要么加倍煎熬着分手的人。可是我们没有办法选择是否避让这些细节，因为惊喜藏在路上的每个转角里，有可能你吃到的一口菜、听到的一首歌，也可以让你一瞬间掉进回忆，无法逃离。

沈璐拽上闺密诉苦，把两个人的事从头到尾叙述了一遍。

闺密大惊问："他是你的备胎吗？"

沈璐哭丧着脸说："你看我俩现在谁像备胎？"

闺密又问："你觉得，他最看重你哪里？"

沈璐还是答不上来，只是觉得他似乎从未向她索求过什么。

闺密说："你看，重点就在这儿啊，他无欲无求，所以他才更有魅力。"

沈璐盯着闺密老到的眼神，她忽然发现，似乎以往的所有八卦都在这一刻化身为阅历，成了她们两人的经验之谈。

当晚，沈璐把微信里的林君安拉黑屏蔽掉，想着如果他发现看不了自己的朋友圈，一定会来问责，到时候就可以把话题聊下去了。于是，她欢天喜地地为自己蹩脚的招数点赞，翻身蒙被睡觉。

半夜的时候，沈璐"垂死病中惊坐起，翻身就去找手机"。心想万一那个单细胞生物以为我把他删除了伤心过度难以自拔，再一气之下把老娘删了，那这生意就赔大了。

沈璐解除了林君安的封印，他的朋友圈又在她的世界里肆虐起来，那一张模糊的头像，沈璐看了一遍又一遍。她筋疲力尽地倒在床上，用了一个自己最不想用的方式去联络林君安。

"茶叶喝完了，配方是什么，我想自己配一些。"信息发出后，沈璐就后悔了。她觉得自己的女王气质在这一次对付林君安的战斗中消失殆尽。即使是这样，她还是没有收到任何回复。

但是没过几天，沈璐就收到了重量多出上次几倍的一大包茶叶，小学生书包一样的体积，严肃地摆在公司的前台等待着她的签收。沈璐抱起茶叶气势汹汹地走回自己的座位，将茶叶往座位上一摔，口中骂道："老娘要的不是这个。"

下班回家后，沈璐将茶叶包袱当成沙袋，一拳拳挥上去，打出植物原有的芬芳。一边打一边骂："这么多要喝多久，老娘喝吐了才能得到下一次聊天的借口是吗？打死你。我擦，打死你。"

打着打着包袱就散了，零零散散落出许多小小的茶叶包，包装各不一样，看得出是手工做的，上面还有字，写着茶叶的功效、每天的剂量，像叮嘱病人一般的口吻，却一句问候都没有。再往包裹里翻一翻，居然翻到了一些她确实需要却又总是忘买的日用品。沈璐此时的感觉就好像林君安就站在她背后，指指点点告诉她这些你放在这儿，那些你放在那儿。

沈璐拿起手机打过去想张嘴就骂，脱口而出的却是当初没有说出来的那一句："你在哪儿？"

林君安说："我在路上，怎么了？"

沈璐说："林君安你真是个有手段的人啊……"

林君安安静了一会儿说："……我一点儿也不想感动你，我怕，怕你是因为感动、因为冲动，才选择和我在一起。"

是啊，连爱情这么美好的东西都会在日常生活中消磨殆尽，何况那些雪中送炭的度假式温暖。我当然不敢打扰你的生活，也明白不能爱得太用力。太用力了，你就怕了，索性不痛不痒。如果我们有可能，那固然是好，即使没可能，还能倾诉朋友的日常，这样的距离，恰到好处，也有备无患。

可两个人之间，有的渐行渐远，有的不离不弃。更多时候要看他们自己，即使是青梅竹马的金童玉女，也要有第一个要流氓的人，去奋不顾身，去臭不要脸。当然，更值得庆幸的是向着彼此前进的两个人，即使他们的默契时有时无，即使他们有着各自的速度，即使因为太过着急而撞在了一起都没有关系，只要他们把对方当作仅有的方向，为了两个人相拥的温度，勇敢地为爱走出每一步。

沈璐的情绪急转直下，激动地问道："所以你就搬家，让我找不到你是吗？所以你就去了大理一点儿音信也不给别人是吗？"

林君安说："从我原来住的房子到你家，坐公交需要五站地，二十多分钟，骑自行车需要四十多分钟。而从我现在的家到你家，步行需要十五分钟，不到一公里，一共是两千五百二十步，误差不超过十步。我去大理是因为新房的主人还没到期，而我的合同已经到了，索性这段时间，就去云南采茶，想一起带回来给你，可是路太长了，物流居然现在才到。"

沈璐收住哭声嚷道："你话怎么那么多？你还在大理吗？我去找你。"

林君安说："刚才在路上，不多说一点走不到。开门吧，我就在你家门口。

在每一碗我们一起吃过的食物面前，我都想你

花大钱 /

好的感情，
就是有这样的魔力。
你不用端，
不用装，
只要躺成一个大字使劲儿耍赖就好。
幸福，
快乐，
都是特庸俗的事儿。

1

我从没怀疑过割包是个小色坯！嘿，你也觉得是不是，一听名字就让人想歪。不过，他的名字还真是鸡肉割包的割包。擅自加后缀的那位，啧啧啧，害不害臊羞不羞！

我一直觉着，臭味相投才是铁血真感情得以维系的关键所在，就像我和割包，第一次见面的时候就知道彼此都不是啥好东西，简直是一拍即合。至于为什么叫他割包，是因为我曾在某一个晚上带他吃了他人生中的第一个奥尔良鸡肉割包。当时，我不敢相信他以前从来没吃过这个，我更不敢相信他吃割包的样子就像个刚开荤的三代贫农。至于，他带我扫荡了整条街所有便利店里割包这件事，美得我不敢回忆。所以，我就连夜赐了他这个爱称。

2

割包有很多女朋友，有些颜正，有些身材好，至于两者都没有的，对不起我忘了看了。虽然有那么多女友，但他从来不和她们一起吃饭，从来不。他喜欢一个人安安静静地吃，特正经，特像个人。就像《不能结婚的男人》里的阿部宽。

因为割包在很久以前交往过一个姑娘。

"大钱，你知道吗，她可爱吃了，一顿不吃就又蔫又丧惨兮兮，让人忍不住想给她买吃的。

"大钱，你知道吗，她还喜欢做菜，她做的菜特好吃。

"大钱，你知道吗，我们在一起那会儿，每天必须是身体和心灵至少有一个在饭桌上。"

"不知道，不知道！你手上的割包还吃吗？不吃我吃了。"

他俩认识那天还真是个相当特殊的日子——台风。那天的雨下得跟在广场上斗舞的大妈一样癫狂。天上的云啊，清一色得了尿频尿急症，稀里哗啦的，不带休场地下了一天。姑娘在这种风劈雨杀的天气里毅然决定出门，她就趿着双人字拖，过千水万水，出来买夜宵，独自一人。不过，话说回来，像她这种超过0.05吨的体型也没什么好怕的，搁风口一站，必须是

156

岿然不动的架势，那么坚定，那么稳重。她经过路口的时候，
正好割包和一姐在那儿推推搡搡的，伞已经被打飞在一边。等
她走近，那两人都已经蹲在地上，女生把头埋在臂弯里闷声大
哭。也不知道姑娘当时是脑子进水了还是脑子进水了，居然大
声唱了句"亲爱滴小妹妹，请你不要不要哭泣"（参照九十年
代迪斯科女王蕾蕾的金曲《路灯下的小姑娘》），然后割包那
傻瓜简直在雨中笑成了嗑多N2O的重症病人。

第二次见面是在姑娘家附近的大学举办的乐队专场音乐
会上。割包站在第一排，可劲儿扭，后摇专场都能给扭成朵麻
花。那时候他留个90年代最流行的郭富城式分头，瘦，是那种
得了文青通病——厌食症的瘦，整个人像是从七八十年代作家
回忆青春的小黄书里走出来一样，潮湿至发霉的脏，又脏又性
感。当时人姑娘压根儿没认出他来，倒是他，一回头就：

"呀，你不是那天那个亲爱滴小妹妹吗？"

"你才小妹妹！我是你大姐姐！"

3

姑娘遇上割包时，只是个普通的暴食症少女。这是个很可

怕的病，食物是药亦是毒。吃东西变成了一种软瘾，一种钻入骨髓的痒，一种潜意识层面的自我虐待。因为孤独，她每天要吃好多好多的饭。认完亲的那天晚上，他俩就相约一起去吃烤串儿。"老板，二十串里脊二十串鸡胗十串掌中宝十串大鱿鱼五根台湾烤肠再加七串鸡皮三串秋刀鱼两串大茄子多放辣椒茄子要蒜蓉。"这么一气呵成、豪放无比、挥金如土、目空一切的开场白一下子就俘获了割包的心。他俩就这么好上了。姑娘不再病态地暴饮暴食，她有了更加重要的事，就是和割包一起做饭一起吃。她不再每天在打破原则获得的短暂快感和接踵而来的负罪感之间反复煎熬。她觉得快乐觉得满足，她不再总是感到饥饿难耐。在这个世界上，如果说还有东西比食物更能慰藉人心，那就是爱。

"大钱，你知道吗，和她在一起你从来不会有饿的时候。果盆儿里永远都是满满的葡萄、荔枝、小番茄，好像永远吃不完，永远放在我够得到的地方。冰箱里永远装满巧克力、三明治、酸奶和可乐。大钱，你知道吗，她会每天给我做便当，油焖对虾、栗子炖猪蹄、蒜薹炒蛋、香煎五花肉、白菜狮子头、蜜汁烤翅，摆在便当盒里，花花绿绿，整整齐齐。大钱，你知道吗，下雨天，她会在家里炖汤，锅里冒着绵密的泡泡，咕噜咕噜咕噜咕噜，我的心里也在冒泡。"

那个时候，他们住在一起，姑娘在一家极限运动器材公司上班，每天晚上下班，姑娘都会提一篮子菜回家。新鲜的肋排，剁成方方正正一块块，过水去浮沫，用料酒生抽腌上那么二十分钟，拿热油炒冰糖和香醋，炒得黏答答的时候，排骨入锅，滋啦滋啦，听着就要流口水，然后不停煸炒收汤汁，出锅前记得要把剩下的汤汁浇到排骨上，千万别浪费哦，好吃到不用洗盘子！有时候也做辣子鸡，一大锅的宽油，辣得红艳艳，花椒干椒一起炒，香得入骨，记得要撒一把葱花和芝麻，最后尝一下味道。要是放多了辣椒，姑娘立马跑出去亲割包，把辣过给他，坏得不行。啊，厨房里还有紫砂煲呢，煨着一锅鱼头汤，奶白色的汤汁噗噗噗，热气四溢。村上龙说过："好喝的汤是很可怕的。汤是那么温暖，又是那么美味，让人忘了朋友，忘了痛苦，忘了烦恼，一切的一切都忘了，只顾喝着我的汤。"好喝的汤确实是很可怕的，割包喝着喝着，就想，如果每天都能喝到就好了，如果可以喝一辈子就好了。生平第一次，他萌生了想娶一个姑娘回家的念头。生平第一次，这个策马红尘的浪子想要泊岸。

4

"大钱，你知道吗，她的头发里藏着春天，每天都蹦蹦吭哧吭哧，像只小鹿。

"大钱，你知道吗，她一说话，我就忍不住想笑。

"大钱，你知道吗，和她在一起，我很容易就会想到天长地久。"

割包在说这些话的时候，眼睛亮亮的，像是一口水井。

"那后来呢，是因为吃得太胖而分手了吗？"

"她走了。"

"去了哪里？"

"大钱，你知道吗，她很好看，是那种压秤的美人，有热气。"割包只是笑着说了一句不着边际的话。

那是他们在一起的第二年，姑娘的工作逐渐步入正轨，渐渐忙碌，同时，他们感情稳定。每天吃一个西瓜，看一部电影，走一条路上班和回家，窝在同一张沙发上想着以后你打麻将来我跳广场舞的生活。那个时候的割包不关心政治，不关心穿着，不关心街上姑娘们的大白腿。留着小田切让同款乞丐头，整个人像被系统重装了一样，喜怒哀乐一股脑儿地写在脸上，事无巨细都能无限度让步。割包真的是觉得找到了爱人。对，就是爱人。他记得在他高中的时候，碰到过一个有腿疾的

160

语文老师，谦逊温润，每每提及自己的另一半的时候，永远称之为爱人，而不是其他。当时只觉得是文人的酸楚和腐朽气，但现在割包完全不觉得。他觉得他们好像永远有着相同的固有频率，永远可以共振。割包再也不需要用那些泡妞绝招、谈感情秘籍，只需要散漫地幸福着。好的感情，就是有这样的魔力。你不用端，不用装，只要躺成一个大字使劲儿耍赖就好。幸福，快乐，都是特庸俗的事儿。

我见过姑娘的模样，在割包给我看的照片里。那是他们去台湾旅行的时候。姑娘站在海边，微眯双眼，脸盘干净头发乌黑，整个人盈软腻滑、明眸皓齿的样子。她让我想到安房直子的《野玫瑰的帽子》——"像拂晓时分的月亮"，就是那种让人一看就想把世界上所有的最好吃的东西都买给她，把世界上最好的运气都送给她的人。那个夏天，他们从台北到垦丁再到高雄，然后经由九份和十份回到台北。他们在十份这个和它名字一样的美丽的地方放孔明灯，上面写着"我们在十份，十分幸福"。在垦丁，割包骑着小摩托载着她，慢慢开到台湾的最南端。他们在海边吃西瓜，把瓜拍碎在礁石上，红瓤在手上，啤酒在肚里，爱人在身边，喝啊喝，喝到夕阳坠落满天星，喝到一身都是酒味。

5

也在那年的秋天，姑娘的公司有个特别好的外派机会，去新西兰，去三年。秋天呀，是个特别神奇的季节，它留不住，走得快，所以你更希望它快快过去。就像有人说过，在中秋乘公交车的每个人，都像是要去远方一样。

姑娘左右互搏很久，她也不想离开割包，但新西兰是著名的极限运动的天堂，皇后镇又是著名的探险之都，那里的市场多广阔呀，一定会有很好的机遇与发展。最后，为了彼此能有个更加舒坦的未来，她决定要出去。割包自然是抽抽搭搭地不放行，但最终他还是让步了。一个曾经激进冲动的热血少年在此时选择了妥协，选择了牺牲。爱就是这样啊，你投降，你缴械，你战败，还心甘情愿无条件地割地赔款。很多时候我们也会想要强求，想要撒泼发脾气，但你不能一直任性啊，你要懂事，虽然懂事很委屈，懂事也很辛苦，但你也只能一边懂事一边哭。

"大钱，你知道吗？原来我一直以为我人生中的快乐，一半藏在食物里，一半窝在音乐中，还有一半绑在她身上。后来，她走之后，我才发现，她才是我的食物、我的音乐，是我一切的一切是我全部的快乐。

"大钱，你知道吗，她是我生命中出现过的所有人。"

原来，割包眼里那些破碎的光亮不是一口水井，而是一座少女冢。

走的那天，姑娘做了好多好多好吃的。割包想告诉她，他爱她。但是他没有，他只是默默吃完了所有的东西。他想开口挽留，但是他也没有，他怕一开口就会溃不成军，所以他只是不停地吃，所以他只能不停地吃。

最后，割包把一万颗破碎的眼泪擦拭干净，收进了姑娘的行李箱里。他们在汽车的后视镜里见了最后一面。微笑道别。

姑娘出国之后，他们只能通过电话微信来联系。那时，割包才发现，原来上海这么大，这么多条街，这么多饭馆，他却不知道去哪里吃饭。有时候割包接到姑娘打来的越洋电话，新西兰的夜里飘泼大雨，但割包在上海却是好天气。割包就想，为什么上海不下雨？如果能够拥有一样的雨天，是不是可以假装还待在一起？姑娘其实是个非常聪明能干的人，马上，她在新西兰的生活渐渐步入正轨，在工作上也得到了很多的赏识和提拔。她是真的很喜欢这份可以边玩边认真做事的工作，还经常能去蹦极、跳伞、滑雪、冲浪。而割包呢？生活依然千篇一律、没有重心，每天就是等电话和数日子盼姑娘回来。终于，有段时间，割包很久没有收到姑娘的电话、信息、邮件。什么都没有。他找不到她。割包当时就跟疯了似的，你知道那种生活突然失重，但你却什么东西都来不及抓住的感觉吗？对，就是这样。割包只能去找姑娘的朋友，但却得知，姑娘在那里，在那个美得像种在云上的地方，有了新的恋情，并且很快就要结婚定居，不会再回来了。那天，割包不记得自己是怎么回到家的，黑漆漆、空无一人的家，割包打开冰箱，里面没有巧克力、三明治，也没有酸奶和可乐，没有很久了，以后也不会再有了。冰箱里只有几罐啤酒，两个月前的过期啤酒。

将近一年的时间，割包都处在一种混沌恍惚的状态里。他剪掉了他的小田切让头，经常在夜里一个人操着酒瓶走很长的路再走回来。他每天给他们一起养的植物浇水，但那些植物最终还是死了。他交很多很多的女朋友，但是他从来不和她们一起吃饭，总是一个人安安静静慢慢地吃。

"大钱，你知道吗，那时我真的觉得自己快死了，我会想她，在每碗我们一起吃过的食物前。"

割包说着，第一百〇一次地把手上的烟盒揉皱。

6

故事讲完了，这个专属于割包的故事，这个这些年来他对外对己一致的口供，就这么结束了。

我要讲的是第二个故事。

其实割包最爱的姑娘并没有移情，也没有别恋。她只是在一个很平常的日子里，就像以前一样，为最新的跳伞器材去做测试，但她搭了一架会爆炸的直升机。那地方是真美啊，云铺满天角，海盛满桅杆，阳光战栗，微风融化，连公路都是柔软的。她就这样飞在空中，跟着飞机一起爆炸，就这样永远留在了那个像种在云上的美丽地方。至于割包，情深不寿的割包，无法接受爱人变成碎片的事实，就一直一直活在自己对自己的欺骗中。

而我，始终无从知晓，不爱，和死，哪一个更让人绝望。

像我这样笨拙地去爱人

仇小丫 /

一个人的好，

终究是要留给那些懂得你好的人才应该、才值得，

否则，

你千辛万苦积累起来的掌中宝，

终究要成为那个人眼里的一粒沙，

容都容不得。

1

薛小志是在我盯着他看的第五秒钟开始喜欢上我的，那时我正是一个初出茅庐每天只想表现自己的绿茶婊。

其实在一整个所谓白衣飘飘的年代里，我都只是个穿着大裤衩、抖着大粗腿吆五喝六的女丝。我后来开始飘飘的时候，别提了，我发现一个穿裙子的女人是根本无法和男人称兄道弟的。

那会儿我靠摊儿上卖的劣质女性杂志提升服装品位，靠英语考第一名来提升高端气质，靠三两个男孩子的表白来提高由内而外的虚荣心。上课时除了学习什么都做，走路时两只眼睛除了规规矩矩哪里都放。

他跟人疯闹，跑进我的视野。我以为是个同学，眼珠子随即撒过去，笑容紧跟着，直勾勾盯了他五秒。认错了人，

我又面无愧色、若无其事地扭正了头从他身边走过去，钩着
女同学。

他在原地站了一会儿，兀自在我身后跟了过来，跟到今天。

十六七岁的男孩子啊，在自尊心最强烈和最敏感的年纪
里，被一群浑身散发着奶味儿的少女这样盯着并从身边走过
去，这是种挑衅，是让人无法忍受的，是要很久才能消化的。

那天起，每天上学或放学他都早早跑出来在我必经的路
口。有时一不小心看我走过去了，他就迅速跑着绕一大圈再从
我对面走过来，面带惊喜地问我："好巧哎，在这儿碰到你！"
接着顺理成章地走在我旁边。小学男生的把戏。

那时我正无知无耻，眼睛长在脑门子上，一点就炸的爆炭
性子，他蔫了吧唧，三巴掌打不出个屁来，不吱声，就对你嘿
嘿笑。我烦得要死。

2

人很有意思，永远不承认什么无缘无故没有来由的爱情，
他们总先喜欢上一个人，再去摸索这人应该被爱的证据，好像
这样自己就能光明正大并且心安理得似的。

从这一点上看，薛小志是个游离于许多人之外的人，情不知所起，亦不问所归，心心念念，又一往深情。

他不知道喜欢我哪里，就是喜欢呗，把一个人活活喜欢成神，把血肉之躯活活喜欢成了幻景标本。

那个标本在那儿，他既不想让她过来，也不想自己过去，他就是无论如何一定要看到她在那里，好好的。

3

一整个高中，我谈恋爱他就消失，我分手他就再次出现。我不回家他给我送吃的，我买东西他自动付钱，拦也拦不住。

天冷他给我披衣服，我嫌恶心腻歪，一把拽下来，当众摔在地上，还得骂一句。他脸皮薄，气得鸟悄儿捶墙，不吼我一句。

每每他刚想表白，我就用话给岔过去。他就知道我的意思，再也不说。

高二分科，他跟着我选文，被他们一家给骂回来，去老师那儿改。他给我打电话，说："对不起，我不能跟你选一样的。"我心想，关我屁事。

那时我很贱，他给我打电话我就接，但我就是不说话，耗死你电话费。短信来，一看他名字，根本不看内容，本来不烦也来了烦，没脾气也来了脾气。

高三我内分泌失调，胖了很多，许多给我写过情书的男童鞋（同学）基本给我留下一句"你变了"就消失得无影踪。他没有，他像根本看不清楚，像根本看不到那些突然增加的肥肉，看不见我一副黯淡的衰脸似的，离我更近了，忍受着我随时会来的暴脾气和无时无刻地发神经。

他跟朋友们说，"无论如何，不管到什么时候，她永远是我心里的公主，是最纯洁，我最喜欢的女孩子"，这话从别人的舌尖传到我的耳朵里，让我莫名其妙，莫名其妙地记到今天。

世界上是有这种人，他喜欢你，不敢告诉你，就去告诉全世界，让全世界转达给你，让你躲也躲不掉。知道他喜欢我的同学们，都恨不得斥巨资给他立牌坊唱赞歌。

他家教甚严，这事儿不小心被他妈知道了，很怪罪我，给我发了几条信息，大意是说，现在他儿子正是关键的学习期，希望我不要继续跟他纠缠下去。

我没有回复。

她又想找我出来谈，我拒绝。

这事我没有跟他讲过。

当我不在乎一个人的时候，我不但不在乎他的爱，也同样不在乎他的恨，更不在乎他的误解或冤枉。

几天后他来跟我道歉，说他妈妈看到了他的短信误会了。我没有正眼看他，我说你最好去跟你妈解释清楚，谁在学习的关键期，谁要不要继续和谁纠缠下去，我很忙，没工夫跟什么人吃饭，没兴趣和什么人解释。他没说话。

在一个大家都广泛同情弱者的年代里，我这样被人喜欢几年，却一副这种态度的人,在道德与同情心的制高点上是无分毫立锥之地的。幸亏我也不想做什么好人，不怕这个。

4

高三毕业那个夏天,他打电话给我，说上了大学很可能几年看不到，问可不可以出来吃个饭。哦，我才想起三年我没跟他在一起吃过饭。

可我还是不想去，心想：反正我再也不需要看到你了，没必要见，随口捏造了个理由搪塞。

他跟我说的是，很对不起三年来一直烦你。

我突然心软，说："没有。"

他说："谢谢你允许我一直在你身边，能看到你。"

我说："没有。"

他说他决定复读了。

这句话突然勾起我的刻薄，我说："那好好读书，祝福你。"险些要说："你妈不会还想再找我谈吧！"

他发来一些感性的话，我看了，但忘记了。

大学、出国、恋爱、失恋，逐渐已经记不得这个人了，他偶尔会给我留言或评论，我没有回复过。

几年过去，知道我回国，他可来了精神，一定要见我。

5

"我们一起出去吃个饭吧……如果……那个……你有时间的话……"说这句话的时候，他很像鼓足了勇气才省略掉中间许多铺垫，勇敢地直奔着主题来了，又像是把中间该说的、原本计划好了的话都给忘了，索性直接结了尾。说完他又有点后悔，又有点期待，站在那儿也不知道该把眼睛、嘴脸、手脚都往哪儿放了，表情时而决绝地像早已做好等待宣判的准备，时而又崩塌下来。

唉，是这一瞬间突然让我有了恻隐之心，因为想起了那个让我同样脸红心跳和手足无措的，拉起我的手，又甩开了它的男人。

好吧，我虽心理上不十分情愿，然而毕竟不是高中时代那个不知天高地厚、大意又嚣张的小姑娘了，对他，心里就算没有爱应该也有点情，没有情也有点义了吧。

多年不离不弃，在女人心里，简直可以算没有功劳也有苦劳的大忠臣了。如果再拒绝，未免太矫情，太小家子气，太没见过世面和太不上道儿了，总之，我装出一副深明大义的样子，打算好好地跟他叙叙旧。

约会那天我决定荤素搭配，说实话也不是没起一点波澜，想到一个人会为自己的精心打扮而脸红心跳，而不知所措，而产生一些微妙的化学反应，简直刺激得爆表了。

不知道这是不是所有女人都有的小心思，穿着漂亮，多少想要一些赞赏，不负她努力锻炼的身材和精心搭配的头脑，不辜负她要让人知道她是个地道的女人。

6

确实几年没见了。

看我从家里走出来，他的眼睛来回闪烁，亮得像星星，深得像湖泊，感情充沛得实在让我不忍直视。我没有那样的感情，眼神里的空白实在配不上人家那一汪春水。

半晌也没人说话，大概俩人脑袋中都正放着高中三年的纪录片呢吧。

这么多年过去，他每次看我，都还像第一次看我。问我要吃什么，我说火锅。

7

理论上真正的男女约会是不该吃火锅的。火锅太家常，太老夫老妻，吃完后整个人从服装配饰到身体发肤，全是火锅味儿，好容易收集起的那点女人味儿在火锅店里基本全部消失殆尽，搞不好还要溅身上油点子，搞不好牙上还会塞菜叶，搞不好满嘴都是酱料，不够小资和浪漫，不够魅力和风情。

可它好吃实惠，老少皆宜，热情痛快，自在温馨。我这种吃货，不管穿什么衣服、拎什么包、面对着什么男人，在做选择时，永远以肚子为先。

其实薛小志好歹也是独生公子，好歹也算一表人才，可他一在我跟前就总将自己自动调成奴才模式，拦都拦不住。有他在，我只管饭来张口、衣来伸手，嚣张到连走路都不需要长眼睛，好像踩了块儿石头也是他的错。

走到桌子旁边儿他就给我拉椅子，我一坐下他就惦记着给我置办餐具，看看空调温度够不够适中啊，冷不冷、热不热啊，周围有没有人吸烟啊，把菜单拿到我跟前，根据我的眼神指示他给我翻页数。

女人啊，遇见一个男人的头几秒钟，就立刻知道这男人她能不能欺负。

这实在不符合纲常伦理、道德规范，可是对不起，爱情它就是这么个东西，它自成一派体系，自有一套规矩，有时甚至还让你爱上你讨厌的人，它让世间多少红男绿女都要对其三跪九叩，顶礼膜拜，不得不遵守。

爱情的规矩是什么呢？就是反抗世间一切规矩。它是这个钢铁世界里最忠实的反叛者。

透过火锅徐徐袅袅的白汽我看着眼前这个熟悉了多少年也烦了多少年的一成不变的温柔的脸，说不清究竟是什么东西让我心里暖乎乎的，是火锅呢，还是火锅对面坐着的这个男孩？我心想，确实是好，这就算一个王八壳它也该融化了吧。

但每每这时候，他就非得做出一些能逼出我身上的糟粕的事。

比如他会当着我的面划开手机翻到"我的日志"一目十行

地快速阅览，这对我来说很冒犯。

有时我想说："你不知道我每一个字是怎么写出来的，哭着还是笑着，花了多长时间？而你现在在我对面一目十行地浏览它们，似笑非笑，一副"朕已阅"的态度……

比如他会给我买让我匪夷所思的零食，果丹皮？果脯？野酸梅？他把东西往桌上一放，我问他那是什么，他看着那些东西时的表情，无辜到像完全不知情。

这一点不是装出来的，他有时真的会被我吓蒙而完全不知道该拿什么。

紧张的时候他就在桌子底下搓手，像被叫到校长办公室的小朋友，很少说话。我觉得没劲。

人一没劲，就只好把注意力放在吃的上面。我丝毫不客气，荤的、素的、天上飞的、地上跑的、水里游的，像个吃人不吐骨头的女妖精，像宰敌人。他不说也不吃，只看着我，突然来那么一句："你看你，永远活得这么潇洒，活得旁若无人的，你的生活……你自由的状态真是我羡慕和不能比的。"

没头没尾地来了这么几句官话，差点没把我噎死。

他用深情注视着我的狼吞虎咽，问了我为什么想到出国，说远得有点够不着，又说佩服我的勇气和魄力，配合着他那有点忧郁和迷离的眼神，这不搭调的气氛和如此深情明媚的告白真让我有点接受不了，早知道要来这番追忆似水年华的套路，我当初怎么不选那些配得上这么文艺范儿的西餐厅呢？

我也想弄出些火树银花亦真亦幻的诗出来配合他，可在吃的面前，还是让文艺乖乖去死吧。

我必须奋不顾身与食物为伍，誓用粗糙打败一切细腻。于是之后我们就说了些理科生的账号密码和斐波那契数列之间的关系，欧洲的文化，以及世界政治经济的格局之类的，一顿饭才算吃下来。

8

吃过饭，一起回到昔日的高中。

我在前面，昂首挺胸，怡然自得，啪嗒啪嗒踏着令人叹为观止的小碎步，声音里就带着示威，皇太后做派；他像个小学生，走在我身后，拎包，拿水，随时接过我吃过喝过的水瓶或包装袋。

永远记得替我买水，永远先把瓶盖拧松。对于这些以前娄晓云她们就总说我："差不多得了你。"

到这儿我算彻底看清了，不管你是什么门第出身，贫穷还是卑贱，在喜欢你的人面前、眼睛里、心里，你永远是最高贵的，或者说，他永远要让你这样高贵着，什么公主还是圣母皇太后都不为过。而我知道，一个女人敢任性到这种惨绝人寰的程度，仅仅是因为她有一个毫无底线地宠着她的男人罢了。是他赋予了我为虎作伥的底气。

我突然回身问他是不是对他女朋友也这样，吓了他一大跳。是的，他是有女朋友的，大二一口气谈了两个，都是倒追，不咸不淡。

他很紧张，好像自己杀人灭口、奸淫掳掠了似的，不敢看我，脸上却带着点难以掩饰的骄傲，不好意思地笑："她总说我不关心人，不够体贴……她对我才要这个样子……"

我一愣："所以你不会像现在这样很自然接过女朋友手里的垃圾袋扔进垃圾桶里？"

他磕磕巴巴的："没……没那个习惯啊！"过了一会儿又说，"在你面前好像就是习惯了，也不用想什么，一直就这样，习惯性的。"

"你这男朋友当得不合格啊！"我说。

"她知道，她知道我心里有个人……"我看到他说这句话的时候低了下头，又望了望远方。

于是我就想，什么样的女人能明知男朋友心里住着另一个女人还继续跟他在一起？

什么样的男人又值得一个女人这样做？

以及，什么样的人可以一直把另一个人装在心里？

想很久，我想我比他更清楚，忘不了，不因为我好，只是我恰好瞎猫撞上了死耗子，恰好撞进并占据了他的一整个青春。

一个男人舍得忘记自己最美好、最真挚的六七年青春吗？当然舍不得。

有时我们所认为的忘不了一个人，其实都是舍不得忘记自己的一段曼妙青春而已。若是将主角换成其他什么人也是一样的，一样刻骨，一样铭心，没那么高尚，无非是借助另一个人的肉身来将自己的回忆填充完整，以备在适当之时恰如其分地拿出来下酒而已。

9

一起回到以前的班级，可笑，当年那些欺负人的门卫如今看到两个这样的人进来都假装看不到。

"那会儿你就坐这个位置。"他兀自嘀咕，也不看我，分不清那是对我说还是对回忆里的那个她说的。

他说这句话的时候，我一只手在空气里挥着，像驱赶什么烟雾似的："过去的事儿了，谁还记得呀！"我不想让回忆聚成团儿再来侵略我，我不是一个活在过去里的女人。

这让他有点沮丧，神情有点复杂，他说可他还记得。

"可我还记得"，说这话时他也不看我，像是对风说的。只是我怎么感觉怎么像他撇过来一把甩刀唰地扎进我肉里。

还不够，他又接着说那时总站在哪个位置偷着看我，指着窗户底下那条开满野花的小路，说以前下课我是怎么从这里一路小跑过去，到对面那个小卖铺去买什么……

"你那时吃麻辣烫使劲儿放醋。"

"你那时不怎么喝奶茶。"

"你那时最爱吃的是这种糖……"

我打断他，说要去操场上喘口气。

10

他跟着我出来。风吹得我心里平静一些的时候，他的电话响了，我故意走远一点，想让他更自在。

不知那边在说什么，不知是谁打来的，只是走着走着，我除了听到风声，还突然听见他大喊了起来，是对着操场和天空大声喊起来。

他是这样喊的，那声音和语调我一直记得清楚，他说："我正在跟我喜欢了六七年的女孩走在一起呢！啊！是啊，我喜欢了一整个青春的女孩啊！我俩正在高中操场上走着哪！"我看到他一边喊一边开心得跳起来，像个得到了糖果的小孩子。

我在远处看他，那会儿正是黄昏，他的头发在夕阳下变得很好看。那个瞬间我突然感觉身边好像哗啦啦走满了密密麻麻大声叫嚷的同学，勾肩搭背疯疯闹闹，压力山大却朝气蓬勃，正研究着今晚要去吃学校食堂还是去外面吃麻辣烫。一个恍惚，立即回过神儿来。

如今这头上的阳光与身边的风都好像没变，身后的他也没变，可操场上除了他只有我一个人，是什么变了？

这时校门口突然走进来一些新入学军训的小孩子，长那么小。高一时我们有那么小吗？

真不敢相信，初中升高中时以为自己从此长大了，那个暑假偷着跑到高中校门口看到衣着时尚的高中姐姐们都觉得既羡慕又恐惧，心跳莫名地快，那感觉我到现在还记得清晰。

现在回头看，竟然像小孩子！

真是很多年过去了啊，你不看到比你更小的孩子就永远意识不到自己正在成熟，或衰老。

那些自以为已经长大了的小孩子穿着迷彩服从我面前蹦蹦走过时，我心里忍不住蹦出一些句子，每个人的青春，不管后来你觉得它多么荒谬，多么愚蠢，多么不可理喻，多么丢人现眼，若干年后当你再次如穿越般回到青春的作案现场时，你会发现，那带着腥味的，愚不可及的，自以为是的，不甘屈辱的一切，都能轻而易举挑起你沉寂许久的泪腺，逼得你不能免俗地问自己一句，如果一切可以重来……

生活里没有如果。

11

那个黄昏很迅速就变成了傍晚，贪凉的人们很快就涌了上来。

我们俩去了所有以前常去的店，买了所有曾经喜欢的东西，走了好几条那时闹过的街。

每个人对于曾经，或犯贱地说，每个人对于失去的东西，都有些贪恋或痴念吧，他陪我，或说我陪他，有意无意地重新走了一次。

在每个熟悉的地点都看到许多跟那时的我们一样的，比现在的我们年轻很多的男女生，正做着那时我们做过的事，心里正揣着那时我们也有过的兴奋和慌张，年轻的，嚣张的，善良的，恐惧的。

你不用问，不用看，你往他们中间一站，什么都懂。

我于是穿过层层人群，穿过热闹喧嚣，又穿过街灯映照下的烟雾缭绕，一回头，他正抱着一大堆东西费力地走在我身后，满头汗。

突然想，会不会有很多人认为薛小志是个大傻瓜，二百五，缺根筋，会不会有好多哥们这样劝他："谁年轻的时候没爱上过几个婊子……"

我不能允许这种事发生，我是说，我不能让他的青春因我的存在而变成了一坨狗屎。我怎么被人骂，不在乎，但我不能让坚持喜欢我的男孩子因为爱上我这样的"婊子"而被大家说成是傻×。

但我能做什么呢？我想，当一个人爱你，而你不能许给他一个未来时，你就好好努力，做一个好好的人，让他在每次想起你的时候都觉得并没辜负自己的青春，让他的哥们都能说上一句："哎哟，你小子那时可真有眼光啊！"

12

复读一年后，他以六百多分的成绩去了某理工大学，说明智商不低啊！只是人生和人性里的全部笨拙，都给了一个并不知道珍惜的我吧。

他是一个好男孩，可惜没有遇到那个有一天终将活到懂得那种好的我。

一个人的好，终究是要留给那些懂得你好的人才应该、才值得，否则你千辛万苦积累起来的掌中宝，终究要成为那个人眼里的一粒沙，容都容不得。

我看着他，像几年前第一次看着他那样。在和他认识的八年里，我只有两次这样认真地看过他。突然产生了一种共情，不管他是怎样的条件，如何笨拙地来爱我，茫茫人海之中，毕竟，他没有选择别人，毕竟，走在我身后，和我同样穿过人群的他，还是只看着我。

13

爱上一个完全陌生的人是件多么奇妙的事，你真不知道老天爷就会在什么转角或什么小店以什么样的方式给你安排了什么注定要遇上的人。这些人正中你的下怀,让你感觉这残忍的世界果真没辜负你的耐心和等待。

风里雨里走过,你曾固执地举很久的伞,你曾倔强地在雨中徘徊,你总天真地希望能等到一个人,一个愿与你共同撑伞回家的人。有的人等来了,有的人没有。

我问他后不后悔,他一愣:"后悔什么?这是我的选择,是我的幸运,没有牺牲,甚至都没有故意取悦。"

很多人曾对我说:"在一起吧,还求什么?"

我想,爱情这个东西,它跟多长时间、在不在一起没有什么关系,爱情有时只是,穿过茫茫人海,他突然凝视你的那三秒钟。

这故事没有结局,一切跟爱有关的故事,都没有结局。人生的结局殊途同归,而人只要活着,就不会结束爱。

曾有部电影,看时我只笑,也不懂缘何它可以触动那么多人。

　　那天晚上，在他脱口而出那句话的那一刻，我才知道答案，不管是柯景腾还是沈佳宜，不管是你还是我，不管我们贫穷还是富有，卑贱抑或高贵，不管我们是什么身份，在哪里，做什么工作，有一点是一样的，就是在那些年，在我们生命里的某个时刻，我们都曾有过如此笨拙地去爱一个人。

你去了英国

/夏橙

我再见到她时，
她提着LV，
一身名牌，
戴着一个金贵的女式表，
多了一分女人味和几分成熟。

1

十五岁时，我站在楼道里，跟所有的小伙伴挥着手，送他们升入了初三，决定留下来，再读一年初二，但不是由我决定的。

老师对我说："别人不交作业一次，扣5分操行分。可是我对你已经很宽容了，你每次不交作业，我只扣你0.5分，可你还是不及格。只能留级了。"说完忧愁地看向窗外。

我穿着中山装校服，随着他的目光，一起忧愁地看向窗外，灰蒙蒙的天空，点缀着几片当年的霾。

几秒过后，我点点头，觉得老师说的是有道理的，毕竟学校有学校的规章制度，况且学校不可能把我永远留在初二吧，想通这点以后，我欣然留级。

又一年初二，我又被安排在靠近后门的卫生角。刚刚留级下来那个时候。侥幸升上了初三的那群不知道为什么操行分能及格的校内知名"不良少年"，常常会逃课下来，在我们班后门的玻璃上，探着脑袋来围观我。围观完后，会一起大声喊我的名字，让我出去抽烟。

每当此时，同学们都会集体转过身来看着我，老师的眼神更是让我觉得能喷出一道闪电秒杀我。我无辜地看着他们每一个人，然后低下头，弯下腰，默默打开后门，溜了出去。

几个星期过后，班主任就跟年级主任反映，因为我的留级而影响了他们班级的正常教学，经常有人在上课期间敲打后门。然后我站在教导处跟主任保证以后不会了；再站在操场求小伙伴们不要再来敲门了。被我晓之以理、动之以情的他们，一时竟不知如何是好，觉得突然生命中少了一件好玩儿的事情，但经过思考，他们最终还是答应了。

之后我如去年般，开始了每天睡觉的生活。

2

老师和我都以为，我又会将一整个初二睡过去。

但在一个风和日丽的早上，冷清的卫生角忽然人潮涌动，热火朝天起来。我带着起床气正准备怒斥大清早就想要来拿工具搞卫生的同学，结果抬头一看，是个身材高挑的女生，小眼睛、小鼻子、小嘴巴，可怕的是，连胸也小，正在搬着桌椅和书本。

我毫无兴致地问她："你怎么坐到这里来了？"

她答："我在前面太闹了，老师嫌我影响其他同学。"

我顿了顿，有种同是天涯沦落人的感觉，打了个长哈欠说："你别在我这儿闹，好好做人，争取早日回到前排，知道吗？"她点点头。我马上又"砰"的一声，狠狠地砸在课桌上，倒头睡去。

只是谁也没料到，从此以后，我永远都能在上课期间随时听到小声而快速的叽喳细语，讨论的全是些我听不懂的东西，从不间断，一度让我感觉全世界都是这女生的声音；下课时更经常被一阵阵狂妄的笑声惊醒。

这女生的声音又尖又细。我从客气地提醒她到破口大骂、怒目而视，但她就是忍不住地要说话和聊天。面对这么一台聊天永动机，我甚至有时会有不知所措的委屈。

在一天放学时，我和老狗走在路上，我说："狗哥，前面来了一个傻瓜，每天叽叽喳喳，搞得我觉都睡不了。"

老狗说："打他啊。"

我："女的。"

老狗一听，停下脚步，点起一支烟，特别严肃地看着我说："你这样想就不对了，你告诉我什么叫作男女平等？"

我心想：男女平等？

老狗："你晓不晓得？人要讲究男女平等？"

我皱着眉头问："怎么说？"

老狗烟往地上一砸："女的还不是一样地打！而且女的打更重！"

听完我整个人都石化了，在那么一个明明大家都没有"三观"的年纪里，一旦身边的某个人假装有，那么身边的人就会全被传染。我刹那间就恍然大悟，觉得确实是这么个道理。

所以那天之后，我们班的卫生角经常能看到一个少女聊天聊着聊着，整个人突然往前一倒，然后惊愕地转过头去看着身后的少年。她椅子后背，全是我的脚印。

过了几天之后，我发现她开始背着书包上课，为了减震。我抬起一脚蹬去，她也就停顿那么几秒，回头看看书包，然后继续跟身旁的人聊天。我看着天花板，感到很无助。

我逐渐变本加厉，每逢下课就组织一大群小伙伴，用纸团围攻她。她虽势单力薄，也仍然一手护头一手捡起砸向她的纸团还击。

欺负她就成了我们的一个乐趣。每逢下课，一些发疯的小伙伴蹦蹦跳跳地到我面前来问我："开始了吗，开始了吗？"

但实际上，由于她的顽强和不屈服，我心里有一股强烈的挫败感。平时大家都对我毕恭毕敬，觉得多看我一看就会被我杀掉，对此，她却丝毫不理睬。

在又一个课间，我一改往日的嚣张跋扈，我说我们一起下

194

去买东西吃吧。看我第一次对她那么客气，她突然露了一点儿羞涩的表情，然后默默地站起来，跟我走出了教室。

走过阴暗的医务室楼道时，我忽然大喊一声："弄死她！！！"一瞬间两边涌出十几个人，无数个纸团飞向她，她愣在原地被砸得劈头盖脸，看得我兴高采烈地哈哈大笑。

老狗抓着一个纸团飞向她，"啪"的一声，正好砸在脸上。

直到这时，大家才发现她一反常态地没有还击，也没有说话。突然楼道变得安静下来。

她突然抬脚飞向老狗，老狗整个人摔了出去——老狗以强壮著称，五年级丢实心球比体育老师还远，初中以后还创造了校记录。打球时面对最激烈的碰撞、也从不倒下、从不动弹的他，这一摔让我们叹为观止，全站在原地，张着嘴。

然后她从我身边走过，瞟了我一眼。这时才发现她的眼睛是红的，满是委屈。我怔住了。她收回目光，低下头走了。而那个对视让我有一种说不出的奇怪感觉。

我那时其实是一个调皮而善良的男生。调皮过后，才突

然想到，其实她也是个女生。但因为交友不慎，听信了所谓的
"男女平等，女打更重"理论，导致我差点儿丧失了人性。一
股内疚涌上我心头。

我对老狗说："其实她刚刚哭的时候还挺可爱的啊。"

老狗一句话都没说，估计还沉浸在那无法解释的一脚中。
那天之后她得了一个外号叫"大力佼"，佼是她的名字，大力
是因为她很大力。

那天过后，我再也没欺负过她了。虽然我还是经常会骂
她，但她也敢还口了。因为她大概知道，我对她有歉疚之情。

3

有一天老狗开玩笑跟我说："你也该找个女朋友了啊。"那
时我才十五岁，但他对我说了三十五岁才会说的话。我呵呵傻
笑着，想象着女朋友的画面，脑海里闪出的却是大力佼。这让
我开始生自己的气，然后还得每天去克制自己别想这件事，于
是我就每天都想着这件事了。

想着想着，我就觉得她其实挺耐看的，有时候还挺可爱

的，特别是她放着一大堆零食在抽屉里，接着打开抽屉告诉我："看到没，这么多零食，你别偷吃！"我点点头，于是她的零食基本上都被我偷吃了。

后来，我们之间聊天越来越频繁。有时突然沉默下来，我盯着她，她盯着我，我就尴尬得脸红了起来。

一段时间过后，连老狗也能看出来我喜欢上大力佼了。

又是一个放学的黄昏，我说："狗哥，我喜欢一个女的。"

老狗："嗯，大力佼。"

我连忙红着脸手舞足蹈起来："放屁啊，老子怎么可能？"

老狗点起烟："那你脸红什么？"

老狗又说："别装！喜欢她又不丢脸，而且你要去对她说，别对我说。"说完对我眯着眼坏笑。

老狗的话在自习课上，不断地我脑海里回响，我趴在桌子上边睡觉边研究如何借鉴《流星花园》《还珠格格》《情深深雨蒙蒙》里的桥段进行表白。

正研究间，大力佼忽然转过来，用手指弹我。

我懒得理她。

她又卷起一个纸筒假装喇叭，凑到我耳边问我："你睡着了吗？"

我还是一动不动。

接着她"喂"了两声，然后我感觉到她转过来，仔细地观察着我。

我依然不动。

然后她又把纸筒凑过来，一字一句地对我说出了我毕生难忘的一句话："我——喜——欢——你！"

我耳朵能感觉到从纸筒里传来的她的气息。我头脑空白了一下，然后整个人吓了一跳，下意识地弹起来，撕心裂肺地大喊一句："哈哈哈哈哈，你居然喜欢老子！"

同学们都被吓了一跳，转过来看着我们。大力佼还保持在用纸筒连接她嘴巴和我耳朵的状态中，于是空气就凝固了，大家瞬间就明了了。我突然觉得自己可能失态了，行为太任性了。

大力佼力气很大，她红着脸，没有说话，抓起一把书低着头追着我就开始打，一直打到我躲进男厕所。

我们就这样一起早恋了。

4

早恋后的某天，我们经过一个宠物超市，看到一只猪，她很喜欢，然后我就买了。她抱着那头猪声称要好好爱护它。但在当天，那头猪对着我们哈了一口气，很臭，于是那头猪她就从来没有带回家过，一直放在我家。那是一头白天睡觉，晚上活动的猪；而它活动的内容就是在大厅瞎跑，到处撞房间的门，搞得我们都睡不着觉。有一天半夜那头猪叫得跟杀猪似的，我才发现它撞进了大厅的厕所，在坑里苦苦挣扎，我救了它，但早已心力交瘁。

后来，爸爸偷偷让保姆把它卖到了菜市场。为此，大力佼假装伤心了很久。那些日子里，我和大力佼时常放学走在市中心的步行街，到处瞎逛；还在情人节一起吃了个"跑堂"。有一段时间我们决定买两个本子一起写日记，过段时间再交换来看。她还常常和老狗拼酒，老狗觉得压力很大。

当有一天，我爸看到她时，问我："她是不是个弱智？"当时没有"萌"这个词，我很难解释。因为她经常会说一些现在想起来很傻的话，也会做一些现在想起来很傻的事。比如找不到一直抓在手上的电话，又比如找不到电话一着急用力地甩甩手，电话飞了出去。我们一起看余文乐和高圆圆演的《男才女貌》时，我哭得不能自已，她在旁边一直无奈地看着我。

有一天晚修结束，一个中年魁梧男人把我截住在了校门口。我不耐烦地看着他，他用手机指着我的头，让我别再跟大力佼来往了。我心中一怔，情敌都排到这个年纪了？

我正准备挽起袖口，决一死战，大力佼跑到旁边问了一句："爸爸，你怎么来了？"然后大力佼的爸爸训斥了我非常久，大概内容是你这么一个不务正业、平常上课都找不到人的少年别带坏了我家女儿。我义正词严地说："你不能因为成绩的好坏来判定一个人的好坏。"

他爸爸反问我："那用什么来判定？"

对啊，那用什么来判定？那个年纪里。我倔强地扭头就走。

但我依然和大力佼偷偷交往。他爸后来也无可奈何，只能尽到一个作为父亲的责任，在暗处保护大力佼。比如说我和大力佼一起看电影，散场时，猛然发现她爹蹲在最后一排，偷偷窥视我们，吓得我惊出了一身冷汗。

十五六岁时，其实没有人懂爱是什么，但大家都以为自己懂。至于未来是什么，没有一个人知道。由于没心没肺，所以两个人才能出于最单纯的动机在一起。

也因此，我们从来没想过初中毕业时会怎么样。

在初中毕业后，爹娘决定把我送去海口上高中，因为他们希望我远离那时的环境，看能不能好好做人。

那个暑假，我们心里都像压着一块石头，却又像早已达成了默契。在那段日子里，绝口不提将要分隔两地的事实。我们只是如往常一样和朋友们待在一起，欢度最后的时光。

那个暑假，是我唯一一次感觉要倒数着过日子的日子。

终于到了临走前的一天晚上，我们站在路边，我假装潇洒地把脖子上的玉佩取下来，扳成两半，一人一半，我说："这样日后我们就能相认了。"

她点了点头，把那半块玉放在手里，看着我，跟拍戏似的问我："那以后我们怎么办？"

我故作潇洒地说："有电话啊。"

她又问："那怎么见面？"

我又傻笑着说："放假我就回来了啊。"

我们就再也说不出一句话了。最后我送她上了回家的车。我看着那辆黄色的的士，越走越远，眼睛就红了。

那天回到家，父母看着我没有如往常般手舞足蹈、载歌载舞地飘进门来，而是沉默不语双眼通红。姐姐拍了拍我的肩膀，说："毕竟还小。"

走那天，一起长大的小伙伴们都在路边哭着把我送走了。但我唯独没让她来。

在海南岛，我常常面朝大海，看着对岸。幻想时间飞逝，能早日放假，见到朋友和她。

但实际上，那年放寒假的时候，回到重庆，和大力佼见面，却是另一次更漫长的告别。

爸爸厌倦了漂泊，说人总是要回到故乡的，便决定举家回到广东。心中虽然很舍不得，但看着爸爸恳求的眼神，我就没再说什么。

我打电话告诉完大力佼这个消息以后，她什么也没说，就挂了电话。彼此心照不宣地知道这意味着什么。

我一个人坐在楼下的长江边，叹了少年时代第一口也是最后一口气。感觉自己有一种全世界都不懂的无奈与悲哀。

那年，重庆下一了场久违的雪，细碎的雪花，触手即融。坐上回海口上学的飞机，看着江北机场，想到下一次回来，不再是某个特定的寒暑假时，觉得整个少年时代从此被一分为二。

回到海口，紧接而来的就是我的生日。我收到一大箱大力佼从重庆寄来的东西。上面写着：要从下面打开。于是我从下面把那个很重的纸箱剪开的瞬间，有几百颗糖果像水一样倾泻而下，哗啦啦落了一地。里面的信写着："要的就是这种效果。"

而我的初恋，莫名其妙地开始，也莫名其妙地结束了。就像这糖果一样，许多甜蜜倾泻而下，但却只能仅此一次。之后许多年，我们再也没见过。

5

时光飞逝，大四时，我去了北京实习。有一个从小一起长大的朋友来看我，我们去了南锣鼓巷，喝着酒，听着不知道哪传来的一个沙哑声音，唱了一晚上不知名的情歌。

也不知从哪儿接入的话题，她跟我聊起了我的初恋，她说："后来她经常去酒吧。她高中时交了一个男朋友，对她不好。再后来，你也知道，她考上了川外。你最后一次见她是去年咪咪哥结婚的时候吧？那之后，她去了英国，在机场大哭着走的。"

我点点头，没有说话，我能想象到那个画面和她心中的惶恐。

那天回去的路上，坐在车上，我觉得很孤独。那种孤独并非来自异地他乡孤身一人，而是来自你在异地他乡孤身一人时想起曾经。

我记得咪咪哥结婚那天，我在大圆桌的一角坐着，低头玩手机，忽然听到小伙伴们几声做作的咳嗽。我抬起头，猛然看见了她。我曾设想过再见到她时，她会是什么样的。那天她提着LV，一身名牌，戴着一个金贵的女式表，多了一分女人味和几分成熟。

我们彼此对视了一眼，我忽然笑了，说："你这傻瓜。"然后大家都笑了。我们两个人又尴尬地看向了别处。

那时我想，我们只是这样而已：没有过什么激烈的争吵，没有过三观不合，没有过性格不符，也无关物质，只是纯粹地能不能在一起。分开仅仅是因为那个年纪里，注定了没有结果和不了了之。

你去了英国，我却在世界的另一头想起了你，就像想起一个老朋友。时间带走的那些单纯日子，如今偶尔还会和朋友笑着谈起，只是早上再照镜子时，发现已是另外一张成熟的脸。

女孩子，
要过几年一个人的生活

蓑依/

如同先照顾好自己才能照顾好别人一样，
只有过好一个人的生活，
才能过好两个人的生活。

　　多多是土生土长的上海人，即便读大学，也是在本地读的，虽然学校安排了宿舍，但她从来没有住过一天，每天宁愿坐两个小时的地铁，也要回家。大学毕业后，她在上海找了一份文秘的工作，薪水不高，但因为离家近，便欣然接受。谈恋爱谈了两年之后，男友央求她从家里搬出来，过两个人的小日子，她不舍那个如鱼得水的家，迟迟没有回复。直到有一天晚上，心情郁闷的她夜里十点多，打车去男友的家，一进门，看到男友怀抱里有另一个女人。

　　第二天，她决定从家里搬出来，她觉得就是因为自己不愿离开家，所以才造成男友的劈腿。趁这个教训的热气正旺，她一定要跟家做一次告别，否则，以后会更难走出这一步。

　　于是，她用自己微薄的工资在寸土寸金的上海，租了一间十平米的单人间，和三个人共用厨房、洗漱间和卫生间。最开始的一个月，为了不狼狈地去和室友争抢着洗漱，她一直用湿巾擦脸，然后化妆；遇到尿急，也要憋着去公司；从来不做饭，在路边随便找家便利店买点零食将就一下。虽然没有家里的热汤热饭，她想着只要能渐渐适应一个人的生活，也是值得的。

不幸的是，她遇到的舍友们"志同道合"。除了她以外的那三个女孩子，时不时地带男友回来过夜，或者请一大堆朋友来家里喝酒唱歌，或者就这三个女生，搓麻将到半夜。就像多多无视她们的存在一样，她们也无视她的存在。利用公共空间时，从来不和她打招呼，还一副理直气壮的样子。但多多是狠了心地要住下了，付了半年的房租，不能说走就走。撑，往死了撑！

可第三个月刚开始的时候，她就一句话没说地搬回家去了——她可以与别人斗，可以与生存环境斗，但斗不过自己，斗不过自己的无聊、寂寞和无所事事。

她的父母都是普通公司的职员，没有过多的日常应酬，从小到大，家里总是有一个人陪伴她，她没有一个人吃过饭、一个人睡过觉，连逛街都会叫上妈妈一起，所以，从未尝过一个人生活的滋味，从家里搬出的那天晚上，在房间里看着墙上自己的影子，第一次感受到了形单影只的落寞。那一刻，她恍然明了：长久以来自己贪恋的不是家里舒适的床、可口的饭或者随时可以洗澡的热水器，而是总有一个人在身边的小热闹。

为了对抗一个人的无聊，工作日下班后，她就趴在床上看美剧，直到看得眼睛酸疼，才倒头就睡，两个多月的时间，她几乎把近五年错过的美剧看了个遍。只不过，每到周五晚上，她就没有看美剧的心情了，总在打算周末两天怎么过？想着在十平米的天地里，站着、坐着、躺着，都是一个人。她也想过去逛街，给朋友打了几个电话之后，就放弃了，人家都忙，没有时间陪她，后来，她便打消了外出的念头。她觉得一个人站在街上，所有人都能看到是你一个人，而一个人在屋里，只有自己知道是一个人。

于是，看美剧、发呆和躺在床上无聊地翻网页，成为了她最日常的生活。有时，想到下班后要回到那个一个人的房间，还要和三个女人斗争，她就想在办公室多待些时间。可看到那些格子里的人一个个散去，空荡荡的办公室只有她一个人时，又会迫不及待地收拾东西走人。

孤单就是这样一种东西：没有觉察到就不存在，而一旦觉察，它便如影随形。后来，多多在上下班的路上，都会觉得路人在看她，似乎在说："瞧，一个人呢，多可怜。"以前她无比讨厌合租的那三个女人，觉得她们生活粗糙得让人受不了，可某一天，她回家时，看到三个人围在一起吃热气腾腾的蔬菜火锅，便羡慕不已。两个月里，她没有回过一次家，因为害怕一旦回去，就再也没有勇气出来。

日子越过越像是一场战役了。她尝试各种办法让自己忘记是"一个人生活"这个事实，但总是忘记之前先想起，反而是一遍遍地强调了自己的孤单。甚至，这影响了她的工作，如果办公室的几个女同事一起出去吃午饭而没有叫上她，这顿饭她就不会吃了。以前也有这种情况，但她会屁颠屁颠地跟上她们，但现在，她不会了。

好像全世界的人都在歧视孤单的人。

一切都变得乏味了，她几乎忘掉了快乐的滋味。于是，大哭一场之后，她决定搬回家，如同搬出来一样决绝，第二天，她就搬了回去。她想："过不了一个人的生活，不过就是了。结婚之前住在父母家，结婚之后，有了丈夫和孩子，到老都不会是一个人了。为什么非得把自己逼进死胡同呢？"

回家后，多多又过起了天堂般的生活，早上起床后就有母亲准备好的热腾腾的早餐；晚饭后，会和父母一起去散步，聊着彼此在工作中发生的趣事儿；周末窝在家里，和母亲一起看韩剧，吐槽这个男人帅那个男人糟，或者牵着手，一起逛街。细水长流的日子和过去没有什么两样，这让多多更加坚信搬回家的选择是对的。

一年多以后，父母给她安排了一次相亲。由于父母之前做了充分的准备和认真的挑选，多多只见了一面，便觉得很是合适。男人成熟稳重，在一家网络公司做销售主管，在上海有房子，这一切都符合多多想要拥有一个安稳的家的愿望。两个人年龄相对来说都比较大了，而且双方家长和彼此之间也都挺满意的，半年后，两个人就闪婚了。多多为此兴奋不已，像是完成一个任务一般，大松一口气，她终于要有属于自己的家了。

初为人妇的她，对家里的一切都感觉格外新鲜，似乎有干不完的活儿在等着她。每天下班后，她会第一时间冲回家，打扫房间、洗衣服，然后进厨房精心准备晚餐。倘若她做的这些再能得到丈夫的赞美，那就再好不过了，甚至于，相比较工作而言，她更喜欢待在家里，一整天一整天地待在家里。丈夫对她也非常满意，因为工作比较忙，回家之后，就有干净整洁的家和热腾腾的饭菜等着他，一天的疲惫也就缓解了很多。

可这种美满幸福的日子，并没有持续长久。半年之后，男人被安排去统筹和策划一个新的部门，加班的时间渐渐多了起来，有时，加班到半夜，为了方便，就不回家了，在办公室睡一会儿起来再继续工作。丈夫不回家吃饭、不回家睡觉，多多突然之间就变得没有激情起来，似乎她做的所有家务都是为了让丈夫看到，而一旦他不在，她觉得自己做得这些没有人欣赏和肯定，也就没有意义了。

于是，她又恢复了单身时的生活，虽然家里有整体厨房，但她还是会在外面买了快餐带回家吃，丈夫不在家，她就不想开火做饭。下班后，也没有精气神儿打扫房间了，就窝在沙发里看电视；一堆衣服落在洗衣机里，就是不愿按动按钮，让它滚动。"整个人像死了一样"，她说。这时，她会想起之前搬出家的两个月时的状态，和现在的无聊、寂寞没有什么两样。

最让她受不了的是晚上。刚开始时，丈夫偶尔不回家，她虽然心里不愿意，但还是想着要体谅他的工作，又不是他不想回来，只是工作迫使而已。可慢慢地，她养成了如果丈夫某一天不回家，她就一晚上就睡不着的习惯。一整夜一整夜地失眠，昏昏欲睡，却就是睡不着。她给丈夫打电话，他一边忙着手头的工作，一边安慰她几句，也就挂了。过上一两个小时，她还是睡不着，再打一次，如此往复，一夜又一夜。直到有一天，丈夫恼怒地对她说："不要每天晚上都给我打那么多次电话，烦不烦啊，你睡觉就是了，晚上加班，本来效率就不高，你还一个个电话打断我。"她也觉得委屈，哭着说："可没有你在家，我睡不着啊。"丈夫丢下一句"以后这样的日子多着呢，这么大年纪的人了，连一个人睡觉都怕，那还能做成什么"就挂了。

多多还是幸运的，这样的日子并没有持续很久。丈夫日夜加班，用三个月的时间完成了领导交给的任务，终于可以以正常的时间回家了。多多欣喜不已，像是忍耐了一冬的春天一样，一下子就朝气蓬勃了。家里的活儿也似乎破土而出了，忙碌的生活也让她充实了很多。丈夫就是她的太阳，瞬间就能把她照亮。

结婚一两年之后，日子开始变得平淡如水，再也没有最初两个人如胶似漆的激情了。最先变化的是丈夫，不管之前工作有多忙，他都会尽量地回家吃饭，而现在呢，他有事儿没事儿地就在外面和朋友一起吃，一周之内，至少有三天的时间是在外面吃。多多不高兴，说："外面的饭有什么好吃的，连材料都看不到，多不健康，回家吃多好。"丈夫安慰她说："整天在家里吃是好，可我一个做销售的，如果不和朋友保持好联系，怎么可以。看似是在吃饭，其实很多生意都是在饭桌上谈成的。"

多多是个明事理的人，可在日复一日的生活中，她渐渐地没有了最初的耐心。在家一个人的无聊，比什么都能让她感觉痛苦。她一想到今后的几年都要这样孤单地生活时，就变得有些失去理智。她会在丈夫在外吃饭的时间给他打电话，说她身体不舒服，要去医院，丈夫不得已赶紧赶回家，看到在舒服地看电视的她，她解释说："刚刚吃过药了，好了很多。"或者会在下班之后，直接到丈夫的办公室，等他和她一起回家，这样，有同事看到人家的妻子在等，就不好意思叫他一起去吃饭了；更或者有一天，她给最经常和丈夫吃饭的朋友打了电话，话里有话地告诫他们以后尽量不要和她丈夫一起吃去吃饭。

没过多久，丈夫的朋友都知道了多多不想让他去应酬的事儿，所以，为了人家家庭的和谐，朋友也就尽量以后吃饭不叫他了。丈夫先是觉得奇怪，酒场突然就少了很多，某一天，他从朋友的玩笑话里才知道，原来是多多在暗地里做了这么多事情。

男人，对朋友这件事的重视超出人的想象，所以，多多这样做的后果，可想而知。丈夫甚至撂下狠话，说："如果再干涉他的生活，就离婚。"而且，他还越发地"叛逆"，多多越是这样在背后操作，他越是增加在外面的应酬。

生活再次变得暗无天日，有时，多多真想着要离婚，两个人这样敌对，还不如一个人来得轻松，可是离婚之后呢，一个人生活，她能对付得了吗？所有的事情，当遇上"一个人生活"这个问题时，多多都会败下阵来。这次也是如此。她坚决不能离婚，即便丈夫晚上有应酬，可是还是回家的，周末有时候也是在家的，仔细算起来，在家的时间也是挺多的，有个人可以说说话，挺好的嘛。

三四年过去了，因为丈夫喝酒，两个人依旧没有孩子。多多朝思暮想地想有个孩子，一方面有了孩子后，和丈夫的紧张关系可能得到缓解；另一方面，有孩子在，她的生活也会忙碌、充实很多。

只不过，我们朋友谈起多多来时，却说："还是没有孩子的好。多多为了摆脱无聊，就想办法拴着丈夫，拴不着时，就想着拴住孩子，可她从来没有想过要拴住自己，自己陪伴自己，比丈夫和孩子都要长久和容易得多。

我身边的"多多"不止一个，而是队伍庞大。他们只能生活在人群中，一旦一个人，就生不如死。有人说，这也是现代

人的通病——害怕独处、害怕孤单、害怕一个人。所以，很多
"聪明"的女孩子，从家里出来之后，赶紧找个人嫁了，实现
从一个"家"到另一个"家"的完美过渡，中间不给自己留一
点"独处"的缝隙。可她们不知道的是：你可以不强迫自己过
不喜欢的生活，可生活会强迫你；你以为婚姻可以让你觉得不
再孤单，殊不知，两个人的孤单才更孤单。企图用婚姻来"逃
避"自我的方法，最终还是会毁了自己。一个不会与自己相处
的人，也一定不会和他人相处。

我想，女孩子一定要过几年一个人的生活。不是一个月、
半年，是至少一年以上，如同训练一样。让女孩子一个人生
活，不是为了锻炼她做家务、整理房间、烧菜的能力，而是学
习如何与自己相处。而在女人的一生中，没有比学会如何与自
己相处再重要的了，它是女人的命根。

一个人独立生活，尤其是女人，关系到一个底气的问题。
它会带给你一种不依傍的自信。这种来源于自身的能量，可以
让女人在恋爱，或者是婚姻中留有属于自己的空间。听过太多
女生一深爱，就忘了自己的惨痛故事，女人失去自己，断断不
会是因为爱上了一个人，而是在此之前，就没有觉察到自己的
存在，只不过，之后被更深地淹没了而已。在很多年里，同
学、同事、朋友前拥后抱、热热闹闹，让人误以为这就是生活

的常态。但其实，孤单才是永恒的状态。

学习如何与自己和解、如何与孤独相处，如何与时间为伴，是每一个人的必修课，而且它如同养分，对人的滋养，是缓慢渗透的，所以这堂课，越早上越好。可一个人生活总是难的，更多的空闲时间扑面而来，无聊也随即铺天盖地，还要战胜来自内心和外界的恐惧，只是想想，就觉得坚持不下去，刚开始，我也这样认为，但真正做起来，完全不是这样。

因为某些原因，我曾经有两年多的时间在外地独自生活。每天都很规律，上午写稿、下午准备考试、晚上读书，除了偶尔的身体不舒服和心情不好，七百多天都是这样过来的。

最开始也是很难。二十多年，每天都和钟表相伴，却在那一年，第一次清清楚楚地听到了钟表的滴答声；洗了上万次的脚，那一年，第一次知道用盆接洗脚水的声音会把暗夜都吵得沸沸扬扬；第一次体会到一天24小时是如此地漫长，自觉做了好多事儿，时间却只走了一点点。那时，我甚至担心：如果长时间不和别人说话，会不会得失语症？我找了很多资料，也没有答案，但之后，为了避免自己真的失语，只能过几天，就给朋友打一次电话，聊聊天。

因为有很多书要读，有很多稿子要写，渐渐地就忙了起来。虽然还是一个人，但状态变了很多。为了让自己的生活变得多样，我想了很多的办法。以前早上都是在路边吃点豆浆油条凑合一顿就行了，后来，我便要求自己，早上六点多起床，步行去市场买菜，置办够一天的新鲜食材，回家自己做，这样做还有个好处就是能接触到很多人，遇到比较爱说话的商贩，可以聊上那么几句，心情也会好很多；傍晚时，开始规律地到附近的大学操场慢跑，每天半个多小时，累了就坐在一边，看大学生们打球的打球，牵手的牵手。有一次，看到有瑜伽工作室招生的广告，便报了个周末的瑜伽班，和十几个女人，由陌生到熟悉，最后，竟觉得在这个城市也有很多朋友了。

就这么一些微小的改变，就把我除了写稿、读书的时间全部占满了，一个人也能变得忙碌起来，一天天下来，竟然也毫无察觉，等到过年回家时，才意识到已是一年过去了。人都会有恐惧，并且会自觉放大恐惧，但事实上，把那些恐惧分解到一天天里，就没有了。

两年的时间，让我知道：即便有一天，全世界都抛弃我，我也会活得很好。这是发自内心的坚持，是七百多个日夜所给予我的最大财富。女生都渴求来自男人的安全感，倘若她们有过一个人生活的经历，就知道自己给予自己的安全感，更实在。

　　所以，不论现在独自生活的你有多么艰难，一定要坚持下去，直到自己能够享受这种生活，并真正获得它的滋养，与它握手言和，才能去过另一种热闹纷扰的生活；倘若此刻，你虽在人群里狂欢但仍觉孤独，那么给自己一个独居的机会吧，你不知道它会有多么美好。

你不要哭，这样不漂亮

羊乃书 /

我们终究会告别不明所以的激流，

各自上岸，

野花脚边摇曳，

阳光擦干水珠，

风把我们刮进下一秒，

步步向前，

即使心中回了一万次头。

　　我有几次早晨下楼撞见马潇，她都小心翼翼地捧着饭盒，步步谨慎，像捧着祖宗八代传下来的宝。我大喊一声："来不及啦，我先走啦。"抛下她在后面悠悠地应一声："嗯哼。"

　　马潇住我隔壁，听说看上了对面那栋楼的男生甲，想用每天送早餐的路数攻陷他。那男生却一次都没亲切接见过她，马潇默默等到豆浆、油条变凉，端回来自己吃掉。

　　某次出了楼，发现没带实习单位的门禁卡，倒回来取，正好撞见狗血一幕。一男生给女朋友送早餐，俩人吵得天翻地覆。女生一把将早餐怒掷在地，踩了两脚就转身上楼了。

　　马潇刚好从头到尾目睹剧情，她轻轻走过去，把为男生甲准备的早餐塞在他手里，说："别难过了，吃饱了才有力气吵架哦。"

　　那一瞬间，马潇头上自带光环。

后来，我发现实习单位根本不用去那么早，每天不紧不慢地跟在马潇后面下楼，结果次次都有狗血剧情看。

男生叫高翔，生物系，一往情深爱着我们这栋楼历史系的唐婉。

每天都是千篇一律的故事重播。高翔把早餐送到唐婉面前，唐婉怒掷在地，双脚碾压一遍，决绝地上楼。然后马潇走过去，把准备给男生甲的早餐递给高翔，说："别难过了，吃饱了才有力气吵架哦。"

过了半月，剧情终于发生了变化。

前半段一如往常，女生用力地踩馒头、踩包子，洒脱地转身。到了马潇出场，眼泪哗哗往下淌："怎么办？"

高翔一愣："什么怎么办？"

马潇泪如瀑布："这是我送给喜欢的男生的早饭。"

高翔一头雾水。

马潇泪如洪流："你吃了以后，就变成我喜欢的男生了。"

这逻辑，乍一听还挺有理，仔细一想，什么跟什么啊！

高翔每天朝九晚九泡实验室，周六日不消停，马潇非要拉着我一块儿去瞧瞧，说我能给她壮胆。

第二天，她在阳台上潜伏多时，看准高翔出门，拉着我飞奔下楼，猫着步子撵在后面。等他刷完实验楼的门禁，她一个箭步上去，一掌推住还未合拢的门，跟着往里走。

马潇打着口哨庆祝胜利，被高翔狠瞪一眼，立即安静得像只树袋熊。他瞄到旁边的我，目光停留了一下，缓和些飘过。

走到实验室门口，高翔一脸厉色。马潇涎着脸说："嘿嘿，我就在这外头坐着玩儿。"

天要亡马潇，谁也拦不住。

就在高翔走进实验室的那一刻，他发现，自己辛辛苦苦培养了两个月的细胞死掉了，这意味着原计划十月完成的论文被迫推迟，遥遥无期。

马潇被高翔震彻云霄的怒吼轰出大楼，如脱缰野马狂奔在校园里，哭得梨花带雨，行人纷纷侧目。

高翔跟程姚师出同门，常伙同着我、夏绮韵、小珍珠一众人等，欢快地虚度光阴，但马潇不知道。

我揪着他的衣领走到楼道窗口，像警察押着罪犯指认犯罪事实。

望着马潇绝尘而去的背影，高翔迫于淫威，把双手努在嘴边，撕心裂肺地喊："喂，不要哭，这样不漂亮。"

从此以后，高翔看见马潇像见了煞星，掉头就走。他跟唐婉早饭接头的地方三天一换，五天一改。

每天早上，我仍旧跟马潇一道下楼。我直直往校门口走，她端着饭盒满学校巡游。在某个小树林深处，亭台廊柱旁，犄角旮旯弯，瞥见高翔跟唐婉百演不倦的戏码，就狂奔过去。有几次脚下一绊，摔在马路中央，却每每在接近地面的关键时刻，一手高高擎起饭盒。

晚上，我俩一起去开水房，我问："你知道高翔追这女孩儿追了八年吗？"

马潇嚕地拧开水龙头，不屑地问："那又怎样？"

我维持着耐心："他一定要追到她，就这么简单。"

马潇冥顽不化："所以呢？"

"所以，所以个鬼咧，你在他那儿永无翻身之日！"

高翔坚持送早餐，唐婉坚持扔早餐。俩人配合默契，令人震惊。

某天，高翔战战兢兢在群里给大家发消息：唐婉说，她妈下周要来成都，我们一块儿吃饭。

夏绮韵回复："皇太后亲自出马，你可长点儿心啊。"

高翔哆哆嗦嗦继续发："那个，你们能不能在旁边坐一桌啊，我怕。"

夏绮韵回复："想得美。"

那天下午天气正好，暖熏熏的风吹得人骨头发酥，酒店顶层的旋转餐厅，临窗坐着高翔三人。

斜后方，我、夏哥、小珍珠、程姚四大金刚镇守，竖起耳朵听着那桌的动静。

唐婉她妈珠光宝气，十个指头都挂着戒指，不时摆弄着橙色披肩，唯恐别人看不见上面的H牌标签。她心不在焉地讲："听说你想跟我们家唐婉好，房子有吗？买在哪儿的？多少平？几层呀？带几个车库呀？车子呢？几辆？什么型号？我们唐婉少了五十万的车都不坐的，不安全，掉档次。"

高翔张口结舌，切牛排几刀下去，都没切断肉筋。

小珍珠听不下去，攥着桌巾咬牙切齿，这老妖精欺人太甚！我拧了她大腿一下，小珍珠疼得龇牙，一个轻微地弹跳，顺着我的视线看向餐厅入口。

单肩雪纺长裙，细高跟镶着水钻，搂着鸵鸟皮的手包，马潇一身淘宝高仿货，走出了奥斯卡红毯的气场。

"阿姨，您好！"她伸出手，五颗小巧的指甲上，甲油熠熠发光。老妖精斜瞟她一眼，皱起眉头："你谁啊？"

她弯腰坐在高翔旁边："是这样，高翔呢……"

唐婉猛地起身："妈，别说了，我要跟他好。"

八年，抗战都结束了。

高翔八年没啃下的硬骨头，马潇轻而易举地成全了。

她优雅地起身，华丽出局。

吃过晚饭，我发短信叫她下楼打开水。她帮忙提了暖壶下来，我们一路往水房走。

我问："你今天下的哪步棋，我怎么看不懂呢？"

马潇说："其实啊，送了半年早饭，我知道，唐婉不是不喜欢他，就是始终没下定决心。她知道高翔会死心塌地对她好，好到天荒地老，就一直耍脾气。我出现以后，他们吵架的主题慢慢从鸡毛蒜皮转移到我身上。她看得出我喜欢高翔，心里的占有欲就蠢蠢欲动了。反正我已经想明白啦，我拥有不了他，可是能帮他拥有他想要的，挺好。"

我心想，那要是没你呢，以后没你了怎么办，水忽地溢出瓶口，差点儿烫了手。

一晃两年，婚讯传来，群里高呼，高翔打败恶丈母，翻身农奴把歌唱。

婚礼当天，刚下车，远远望见马潇打扮得跟女王登基一样隆重，艳压群芳。她提着五位数的豪礼，左一扭右一扭往里走。

婚礼开始，司仪煽情的手法拙劣又廉价，但看到高翔和唐婉追忆往昔互表忠心，大家都应景地掉了几滴眼泪，好歹也要假模假样地，哭一哭我们各自人老珠黄的青春。可马潇一直僵硬地绷着脸笑，表情纹丝不动。

我看她一眼："脸上打了肉毒杆菌啊。"

她带点鼻音："不能哭啦，哭了就不漂亮了。"

仪式当中，有一个环节是灯光全场随机扫，扫到谁，谁就站起来给新人送祝福。

底下宾客故作惊恐地大呼小叫，灯光停在了马潇身上。

小珍珠紧张得不停嘀咕："姑娘该不会把场子砸了？不会把

场子砸了吧……"自带回响。

马潇理了理鱼尾裙的裙摆，款款起身，微微清了下喉咙，环顾全场一周。

"我们跟高翔呢，是穿着开裆裤一块儿长大的，所以对他知根知底。毫不夸张地说，从幼儿园到现在，喜欢他的女孩儿，从这儿开始排，能排到五条街外的麦当劳，再拐个弯排回来，来回三次。今天我们聚在这儿，是一起祝贺唐婉胜出了，但大家别忘了，后继始终有人。"

唐婉那边三姑六婆的脸色很难看，高翔这边掌声雷动，欢呼汹涌。

我们从中午一直吃到晚上，大家在酒店开了个套房续摊。

高翔一天下来，红酒、白酒、啤酒轮番上阵，喝得快挂了，靠着最后一点儿力气敲开房门，没走两步，直直倒在玄关。

马潇也喝得不省人事，恍惚间，听得她又像是喊又像是唱："高翔呀高翔，你是我们一块宝；唐婉呀唐婉，最好有点儿危机感。"

唱完一轮，端起酒一饮而尽接着唱："高翔呀高翔，你可知我爱你多少；唐婉呀唐婉，我要出马你吓破胆。"

这次，声音里分明带着哭腔，所有人在地上边打滚儿边闹，没人理会谁在说什么。

高翔跌跌撞撞爬到马潇身边，将她握住酒杯的手用力摁紧在地，轻轻说："不要哭喔，这样不漂亮。"

喝醉了的人以为自己说的是悄悄话，其实每一粒跳动着的空气尘埃都听得见。

马潇握住酒杯的手寸寸松了开来，万千情绪凝于五指，欲说还休。

这是他们靠得最近的一次，马潇绷着脸，嘴角用力向上扯着；高翔沉重的呼吸吞吐在她耳畔，像是她心中绵长的叹息。

她抬起另一只手，想要覆住高翔喝得红彤彤的、滚烫的脸，可是在半空僵持了十秒，又缓缓落了回去，一厘米一厘米，像最低速的慢镜头。

她说过，能帮他拥有他想要的，也挺好的，那么现在大功告成，为什么我还是看见了马潇眼里闪烁的银河。

高翔没车也没房，却又偏偏遇上爸妈都是势利眼的唐婉，全赖着马潇走的这一步险棋，扭转了局面。

有天深夜，我接到夏哥的电话："唐婉不见啦！收拾好金银细软跑啦！"

所有人都认为他们不可能在一起的时候，他们在一起了；所有人都认为他们不会分开的时候，他们却散了。

当时婚礼坐一桌的人，齐齐赶到高翔家里，轮流发言，声讨唐婉。

他坐在沙发上，平静地说："跑就跑了吧，跟着小老板不必受这么多苦，跟着我什么都得从头开始。"

所有人里面，独独少了马潇，那个口口声声谎称穿着开裆裤一起长大的姐们儿，在婚礼结束后不久，就收拾行李，离开了我们共同生活了四年的地方。

她说要回到三线小城市，跟父母好好待在一起，找份安稳的工作。然后顿了顿，说，再找个好人嫁了。

我走出杂沓人声，坐在安全通道的楼梯上给马潇打电话，拨过去，传来柔美的女声："您拨打的用户已关机。"

过去她从不关手机，因为要时刻预备着，高翔半夜打电话来吐槽唐婉的不是。

现在，她应该已经遇到了一个能让她关上手机安心睡觉的人吧，孕育出了下一代也说不定呢！想到这儿，我笑了笑，走回房间。

一年后，高翔依旧保持单身，每天认认真真在实验室培养细胞，再也没让它们死过。导师看重他，让他接着念博士。

马潇很少上社交网站，不声不响，也不知近况如何。

我由北往南旅行，车窗外晃过站名，我突然想起，这不是马潇的家乡吗？从行李架上拎起东西往下跳，站在车站给马潇打电话。

已近十二点，马潇驾着小车来接我，累了一天，沾床就呼呼大睡。坠入梦境之前,唯一记得的事是,屋里只有马潇一人,没有男人,也没有孩子。

次日早晨,我被扑鼻香味唤醒,马潇在厨房一只锅煎鸡蛋,另一只烙饼,两盘炒时蔬已经摆上餐桌,锅里还咕嘟咕嘟熬着粥。

我睡眼惺忪地倚着厨房门框:"哟,现在早餐规格比那会儿提升不少啊!"

马潇一边盛粥,一边笑着说:"当然,自己的胃都温暖不了,怎么去温暖别人?"

我不确定她是不是知道高翔的事,但想想还是算了,于是矢口不提。

空气里的尘埃已经落定,就不要再任性地扬起波澜了。

吃罢早饭,我要继续赶路,她未多加挽留,将我送到车站。我们相拥告别,把对方使劲箍在怀里,像当年我送她离开成都时一样。

拥抱时,她俯在我耳边说:"我知道你一直想问,其实没关系的，我早就知道了。我不后悔爱过他，也不后悔为他做的一切。他很好，但不是那个可以让我煮一辈子早餐的人。"

我们终究会告别不明所以的激流，各自上岸，野花脚边摇曳，阳光擦干水珠，风把我们刮进下一秒，步步向前，即使心中回了一万次头。

离开青春的记忆，马潇没哭，她活得很漂亮。